中学校社会サポートBOOKS

Performance Task

中野英水

パフォーマンス課題を位置づけた中学校公民の授業プラン&ワークシート

明治図書

はじめに

いよいよ中学校でも，新学習指導要領の完全実施である。移行期間中は，多くの先生方が新学習指導要領を念頭に置いた単元指導計画や授業の開発を行ってきたかと思う。

ご承知の通り，新学習指導要領では，育成すべき資質・能力を「三つの柱」で示している。このことは，「知識・技能の習得」「思考力・判断力・表現力等の育成」そして「学びに向かう力・人間性等の涵養」をこれからの時代に必要となる資質・能力として，その育成を目指していることを意味する。この資質・能力を育成するために，日々の授業を「何を学ぶか」といった内容面と，「どのように学ぶか」といった方法面の両方から工夫・改善していくことが明確に示されたのである。

日々の授業開発では，この「大きな三角形」を意識しつつ，知識の伝達に偏ることはもちろんのこと，アクティブ・ラーニングの言葉が独り歩きした授業展開にならぬよう，そして，「学びに向かう力・人間性等の涵養」も忘れない，時代の変化を意識した単元指導計画の立案，そしてそれに基づく授業の展開が求められる。

平成20年版学習指導要領・改訂の経緯：21世紀は，新しい知識・情報・技術が政治・経済・文化をはじめ社会のあらゆる領域での活動の基盤として飛躍的に重要性を増す，いわゆる「知識基盤社会」の時代であると言われている。このような知識基盤社会化やグローバル化は，アイディアなど知識そのものや人材をめぐる国際競争を加速させる一方で，異なる文化や文明との共存や国際協力の必要性を増大させている。

前提となる社会状況が大きく変化し，学習指導要領も背景が大きく変容

平成29年版学習指導要領・改訂の経緯：今の子供たちやこれから誕生する子供たちが，成人して社会で活躍する頃には，我が国は厳しい挑戦の時代を迎えていると予想される。生産年齢人口の減少，グローバル化の進展や絶え間ない技術革新等により，社会構造や雇用環境は大きく，また急速に変化しており，予測が困難な時代となっている。また，急激な少子高齢化が進む中で成熟社会を迎えた我が国にあっては，一人一人が持続可能な社会の担い手として，その多様性を原動力とし，質的な豊かさを伴った個人と社会の成長につながる新たな価値を生み出していくことが期待される。

大きな社会の変化に対応して改訂された新学習指導要領

このように新学習指導要領では，劇的に変化する予測不可能な社会情勢の中で，たくましく生きていくための資質・能力としての三つの柱や，主体的・対話的で深い学びを実現する授業改善が求められている。これからはこのことを意識した単元構成を考える必要があるだろう。

１つの単元は，社会や学習に対する関心や意欲を土台として，必要な知識や技能を習得し，それを活用しながら社会的な課題解決を思考・判断し表現する中で，よりよい社会を築こうとする態度を養っていくという流れが考えられる。こうした学習を一体的に評価することは，もはやペーパーテストでは不可能である。学習指導が変われば学習評価も変わるということで，今，新しい学習に適した新しい学習評価の研究が始まっているのである。

これからの学習は，知識や技能の習得のみならず，これを活用して思考・判断・表現し，よりよい社会や世界の実現に向けての主体的な態度を育成していくのであるから，特定の部分だけを見取って評価する方法ではなく，単元構成全体を反映した総括的な評価方法が必要になる。平成28年12月に出された中央審議会答申では，「資質・能力のバランスのとれた学習評価を行っていくためには，指導と評価の一体化を図る中で，論述やレポートの作成，発表，グループでの話合い，作品の制作等といった多様な活動に取り組ませるパフォーマンス評価などを取り入れ，ペーパーテストの結果にとどまらない，多面的・多角的な評価を行っていくことが必要である」としており，評価方法の転換とパフォーマンス評価の有効性を示している。

ここで，改めてパフォーマンス評価とは何か，ということについて確認しておきたい。パフォーマンス評価については，京都大学大学院の西岡加名恵先生を始め，尊敬すべき先生方の素晴らしい研究が進められているが，ここでは，それらの研究の成果に生徒を直接指導する現場教師としての私の経験からの解釈を交えながら論じていきたい。

パフォーマンス評価は，パフォーマンス課題とルーブリック（評価の指標）を生徒に示して課題に取り組ませ，示したルーブリックに基づき評価する評価方法の総称である。それぞれの言葉の解釈は，以下の通りである。

「パフォーマンス評価」

観察・対話・実技テスト・自由記述による筆記テストなどを手がかりとして，知識や技能の活用を含めた思考力・判断力・表現力及び態度などを総括的に評価する評価方法。

「パフォーマンス課題」

パフォーマンス評価を実施する際に提示する，具体的な事例を設定して構成された学習課題。習得した知識や技能を総合して活用する要素を含む。

「ルーブリック」

パフォーマンス課題に含めた知識や技能の活用を見極めるための要素を含む記述から構成されている評価の指標。（先行研究をもとに，筆者が解釈）

ここで注意してほしい点は，パフォーマンスという言葉である。パフォーマンスという言葉からは，生徒の活動を連想してしまいがちだが，この言葉に込められた意味は，それだけでない。**パフォーマンスとは，知識や技能の活用を含めた思考力・判断力・表現力や態度を総括的，一体的に発揮した生徒の活動を意味する**と，筆者は解釈している。

つまり，パフォーマンス評価とは，体育や音楽などの実技教科で行われているような実技テストとは異なる，学習活動の総括的な評価ということである。例えば，音楽における歌唱の実技テストは，生徒の歌唱の技能や歌唱による表現力を見取るテストであり，音楽の授業における総括的な評価ではない。しかし，ここでいうパフォーマンス評価は，その単元やこれまでの学習の成果を生かし，知識や技能の活用を含めた思考力・判断力・表現力や態度を総括的，一体的に評価する評価方法なのである。新学習指導要領が完全実施となった今こそ現場での評価方法を大きく見直し，パフォーマンス評価を導入していくときである。

公民的分野のパフォーマンス課題

公民的分野は総時数100時間を，現代社会単元３，経済単元５，政治単元６，国際単元４の計18単元で構成した。パフォーマンス課題の設定に関しては，各単元で様々な工夫を凝らしている。以下にその一部を紹介する。

A「私たちと現代社会」では，「作家になって，私たちが生きる現代社会を論じよう」というパフォーマンス課題を設定した。この課題は，現代日本の特色として少子高齢化，情報化，グローバル化を事例にしながら，それらが現代社会に与える変化や影響を分析し，そこから現在と将来の政治，経済，国際関係がどのようになっていくかということを予想することを，作家になったつもりで論じさせるものである。学習の成果を単に整理して論じるというのではなく，そこにストーリー性をもたせることによって，生徒の課題に対する興味や関心を高めることをねらっている。また，ワークシートは，学習の成果を整理，分析してその影響を考えさせながら構想を進められるような流れをつくった。こうしたワークシートの工夫も生かしながら実際の授業を進めていただきたい。また，D「私たちと国際社会の諸課題」では，「外務大臣となり，持続可能な環境問題対策を説明しよう」というパフォーマンス課題を設定した。７時間を前３時間と後４時間に分けて平和と軍縮とその他の国際問題を扱う単元構成とし，後半の課題に加えて３時間目に実施できるパフォーマンス課題も設定した。設定にあたってはその構造を同じものとし，ルーブリックはもちろんのこと，B評価の具体例やワークシートもそれぞれ掲載してある。このように長めに設定した単元では，続いたストーリーの中でパフォーマンス課題を連続して行うことも有効であると考える。

公民的分野の学習では，現代社会の見方・考え方を働かせながら，様々な現代社会における課題を追究していく流れをつくれるよう，様々なパフォーマンス課題を設定した。これらのパフォーマンス課題に取り組みながら，現代社会の様々な課題を整理・考察していく学習が進められることを望んでいる。

本書をお手にされた先生方へ

前書『パフォーマンス課題を位置づけた中学校社会の単元＆授業モデル』の発刊から2年，多くの先生方にご拝読いただき，また多数のご反響，ご要望も寄せていただきましたことに，厚く御礼を申し上げます。パフォーマンス評価については，各種の学会や研究会でもさらに議論が深まっております。それだけ先生方の関心が高いものなのだろうと考えます。それゆえにパフォーマンス評価について，「パフォーマンス評価とはどのようなものなのか」「パフォーマンス評価を普段の授業の中でどのように実施したらよいか」といった声も多く聞かれます。本書は今，話題となっているパフォーマンス評価を現場目線で捉え，学校現場の状況に即した授業プランを提示したものであります。本書の特色の一つとして，今回は三分冊にして地理，歴史，公民3分野の全単元を網羅いたしました。本書をお手に取った先生方の，思うがままの単元からご覧いただきたいと思います。今，先生方が実践されている単元のパフォーマンス課題を生かして，本書を実践的活用本としてお使いいただけたならば幸いです。

また，ワークシートについても，各単元2ページを当てて示しました。このワークシートは，単に設定されたパフォーマンス課題に回答させるだけではなく，課題を考察するために必要な知識を整理・分析し，そこから課題の解決に迫れるような流れを意識して作成しています。生徒の思考の流れを見取る手立てとなるよう工夫しました。パフォーマンス課題は，単元の学習をまとめ上げる総括的な課題であります。回答を表現する部分だけでなく，パフォーマンス課題に回答するまでのプロセスの部分もぜひご活用いただきたいと思います。

また，本書は，教育についての研究者ではなく，毎日生徒の前に立って実際に授業を行っている現場教師が執筆したという点も，特色かと考えております。様々な研究の視点から見れば拙い部分や簡略化した部分も多いかと思いますが，一人の授業者が，現場の中で実際に授業を行うことを前提として執筆いたしました。明日の授業で，すぐに使えるものを集めました。多忙な中でも教材研究を熱心に行う全国の先生方のお役に立てることを願っております。

最後に，本書の発刊にあたりましては，豊島区立千登世橋中学校主幹教諭の鈴木拓磨先生，港区立高松中学校主幹教諭の藤田淳先生，中野区立第七中学校主幹教諭の千葉一晶先生に多大なるご尽力をいただきました。これまで多くのご実践やご発表の経験をもち，中学校社会科教育の分野ではまさに最前線に立つ新進気鋭の3人であります。中学校社会科教育のみならず，所属校や所属地区のお仕事も多忙な中，玉稿を頂戴することができましたことを，この場をお借りいたしまして厚く御礼を申し上げます。

本書の使い方

本書は各単元とも，基本的に6ページ構成となっており，どの単元も同様の項目立てとしてある。それゆえに本書は冒頭から読み進めなくても，読者の任意の箇所から読んでいただける。また，地理，歴史，公民の各巻とも同様の構成としている。現場の先生方の状況に合わせて，必要なときに，必要なところからご活用願いたい。

すぐ手の届くところにおいていただき，ふとしたときにすぐに手に取ってページをめくっていただけるような日常的な使い方をしていただければ光栄である。一読した後は書棚を飾る愛蔵版ではなく，いざというときにすぐに手に取っていただける活用版としてお手元に備えてほしい。

（1）生徒に身につけさせたい力

ここでは，学習指導要領に示されている単元の位置づけや主なねらいなど，その単元の設定について示してある。筆者の解釈も含めながら，その単元が中学校社会科各分野の中でどのような位置づけで，どのような意味をもつ単元なのか，そこからこの単元の学習では，どのような力を生徒につけさせるのかといったことを論じている。必要に応じて学習指導要領解説とも見比べながらお読みいただきたい。この部分が，授業づくりの軸となるところである。

（2）単元の目標

学習指導要領に示されていることに基づき，各単元における「知識及び理解」「思考力，判断力，表現力等」「学びに向かう力，人間性等」の三つの柱を整理して作成した。生徒につけさせたい力とも関連しながら，その単元における目標を明確に示した。単元指導計画を作成する際は，ここの記述を実現するような単元構成を考えてほしい。また，単元を貫く問いを設定する場合は，この目標を十分に意識したものでなければならない。なお，本書では三つの柱に合わせてそれぞれに目標を立てるのではなく，すべてを含めた文章スタイルで示すこととした。

（3）単元の評価規準

その単元における三つの柱を基にして，「知識・技能」「思考力・判断力・表現力等」「主体的に学習に取り組む態度」の三観点で評価規準を設定した。作成にあたっては，新学習指導要領の内容に示されていることに基づきながら，単元全体の学習を見渡して作成してある。次ページにある単元の指導計画に示された評価も，この評価規準を受けてのものである。

目標―指導―評価の一体化の視点からも，前述の生徒につけさせたい力や単元の目標との関係性を重視しながら評価に際しての規準を示した。

（4）単元の指導計画

単元の構成を表組で示してある。各単元の配当時数は，地理115時間，歴史135時間，公民100時間を基に，軽重をつけて配分してある。表組には，主な学習内容と評価規準を示した。紙面の都合上，詳しく掲載することができなかったが，それぞれの授業について，また単元の学習の流れについて示した。また，各授業での学習活動に合わせて具体的な評価の規準を並行して示してある。前述した単元の目標を念頭に置きながら，各授業での学習活動やその評価を総合的にイメージしながら毎時の授業をつくっていってほしい。なお，「主体的に学習に取り組む態度」については，長いスパンで見取り評価することになっているため，特に記載が必要なところ以外は掲載していない。各単元や，関連する単元のまとまりの中で，単元の評価規準に示された観点で「主体的な学習に取り組む態度」を評価するものとする。

（5）授業展開例

ここが，本書の中核となる部分である。この部分では，パフォーマンス評価を実施する授業について詳しく述べてある。まず，パフォーマンス課題とルーブリックを掲載した。

パフォーマンス課題は，様々な設定を構想してある。生徒には，課題に設定してある様々な立場になりきって，課題を考えてほしい。本書の設定は，かなり空想に近いものもある。パフォーマンス評価の研究では近年，真正性が重視されてきている。もちろん反論は一切なくその通りであると筆者も考えているが，本書ではあえて空想に近いものも掲載した。その意図は，本書が実際の現場で活用されることを考えているからである。まずは課題に対する生徒の興味・関心を高めることをねらった。筆者も実際の授業でこのようなパフォーマンス課題を実施しているが，無味な学習課題よりも生徒の関心度，取り組み度は高いと感じている。また，ストーリーの中に課題を実施するまでの学習の整理や，そこで得た知識や技能を活用させる要素を盛り込んでいる。ストーリーを読む中で学習を振り返り，学習で得た知識や技能を活用させてしまうのである。単元の学習の総括的な評価としての位置づけであるパフォーマンス評価という点を重視した。

ルーブリックについては3段階の評価とした。先行研究では評価の段階をもっと細分化してあるものも多く見られるが，本書は実際の学校現場ですぐに活用できるものをというコンセプトのもとに作成した。多くの場合，評価は授業者一人が校務の合間の中で行っている。現場の教師が実際に無理なくできるものという観点から3段階とした。もちろん3段階が絶対というわけではない。本書を活用される先生ご自身の状況に合わせて例えば，B評価をさらに2段階に分けて評価するなど細分化されてもかまわない。指標となる文脈もアレンジされてもかまわない。生徒や学校，授業者の実態に合わせてご活用いただければと思う。

また，評価の尺度となる記述語も，より実際の現場で活用しやすいものとした。例えば，B評価に観点を設け，生徒の作品を点数化しやすくした。またA評価にはあえてあいまいな表現を入れて，数値的にはBだが，内容的にはAといった状況でも対応しやすいように配慮した。

（6）授業の流れ

パフォーマンス課題を実施する授業の流れを，導入，展開，まとめという3段階でお示しした。流れだけにとどまらず，授業における留意点やポイント，工夫などが示されている。後に掲載したワークシートと併せてご覧いただきたい。

また，課題の論述に入る前の整理や分析の過程についても丁寧に説明した。単元をまとめる授業としての位置づけが多いかと思うが，単元の学習を上手に振り返らせながら，パフォーマンス課題に向かう授業の流れをつくっていただきたい。

（7）評価基準の具体例

生徒の成果物をルーブリックに基づき評価するといってもなかなか難しい。成果物は論述されたものであり，こうだったらA，こうだったらBといった評価の実感がなかなかわいてこないというのが，パフォーマンス評価のお悩みであろう。それゆえにパフォーマンス評価を敬遠されている先生方も少なくない。

そこで，先に示したルーブリックに基づき，AやB評価と判断される具体例を示した。一つの作品として捉えてもらい，具体的な評価の基準としてご活用いただければと考える。

（8）ワークシート

今回のもう一つの中核が，このワークシートのページである。今回はパフォーマンス課題を実施するすべての授業について，ワークシートを掲載した。明日の授業ですぐに使えるくらいの実践的，現実的なワークシートである。このまま印刷してお使いいただけるようなものを考えた。また，サイズも見開きで2ページを基本として，授業で扱いやすいものをねらった。

以上が，本書の各単元の構成と使用法である。実際にそのまま活用できるということを考えてきたが，もちろんお読みいただいた先生方の思いやご実情もある。本書に掲載してあるものをそのまま使わなければならないということは一切ない。先生方の思いやご事情に合わせて，一部をアレンジしてお使いいただくのもありである。「本に出ているルーブリックはこの観点だったけど，自分はこちらの観点に入れ替えてやってみる」「本に出ているワークシートはこうだったけど，自分はこれを追加してみる」といったアレンジは大いに結構である。また，お若い先生方で，「初めはよくわからないから本の通りやっていたが，段々と理解が進みアレンジを加えるようになった」ということも結構である。本書が現場でのパフォーマンス評価実施のきっかけとなり，授業改善が進めば嬉しい限りである。現場の教師が現場の教師に向けて，授業がよくなる，先生がよくなる，そして生徒がよくなることを願い本書を執筆した。

CONTENTS

作家になって，私たちが生きる現代社会を論じよう

生徒に身につけさせたい力

本単元は，公民的分野最初の単元であり，小学校社会科の学習の成果を生かすとともに地理，歴史的分野の学習との円滑な接続を図り，今後学ぶ公民的分野の内容の基礎をつくる単元である。

そこで本単元の学習では，現代日本の特色として見られる少子高齢化，情報化，グローバル化の本質について理解し，それが現代と将来の政治，経済，国際関係に与える影響について多面的・多角的に考察し，表現する力を養う。

また，本単元が公民的分野最初の単元であるということから，これから始まる公民的分野の学習全体への関心を高め，現代社会を取り巻く様々な課題を意欲的に追究する態度も養いたい。

単元の目標

現代の日本社会にはどのような変化や課題が見られるかといった現代社会の特色を少子高齢化，情報化，グローバル化を例として理解し，それが現代と将来の政治，経済，国際関係に与える影響について多面的・多角的に考察し，表現するとともに，これから始まる公民的分野の学習で扱う現代社会の社会的事象について関心を高め，課題を意欲的に追究する態度を養う。

単元の評価規準

知識・技能
・現代の日本社会にはどのような変化や課題が見られるかといった現代社会の特色を少子高齢化，情報化，グローバル化を例として理解している。
思考力・判断力・表現力
・少子高齢化，情報化，グローバル化が現代と将来の政治，経済，国際関係に与える影響について多面的・多角的に考察し，表現している。
主体的に学習に取り組む態度
・これから始まる公民的分野の学習で扱う現代社会の社会的事象について関心を高め，課題を意欲的に追究する態度を養おうとしている。

単元の指導計画

時	主な学習活動	評価
1	**◆少子高齢化と現代社会** 家庭や日常の社会などを取り上げ，近年の少子化の進行と平均寿命の伸長によって，我が国の人口構造が変化し，世界で類を見ない少子高齢社会を迎えていることや，少子化がいっそう進み人口減少社会となっていることを理解する。	・現代の日本社会にはどのような変化や課題が見られるかといった現代社会の特色を，少子高齢化を例として理解している。（知技）
2	**◆情報化と現代社会** 人工知能の急速な進化や災害時における防災情報の発信と活用などを取り上げ，高度情報通信ネットワーク社会の到来により，世界中の人々と瞬時にコミュニケーションをとることが可能になったことや，様々な情報が公開，発信，伝達される状況であることを理解する。	・現代の日本社会にはどのような変化や課題が見られるかといった現代社会の特色を，情報化を例として理解している。（知技）
3	**◆グローバル化と現代社会** 貿易や国際関係など日常の社会生活と関わりの深い事例を取り上げ，大量の資本や人，商品，情報などが国境を越えて容易に移動することができるようになり，それに伴い国内外に変化が生じてきていること，各国の相互依存関係が強まっていること，共存のために相互協力が必要とされていることを理解する。	・現代の日本社会にはどのような変化や課題が見られるかといった現代社会の特色を，グローバル化を例として理解している。（知技）
4	**◆私たちが生きる現代社会とこれから** 前時までの学習の成果を整理し，少子高齢化，情報化，グローバル化が社会や生活を大きく変えていくことの予想がなされていることを踏まえ，現在と将来の政治，経済，国際関係に与える影響を考察し，表現できるようにする。	・少子高齢化，情報化，グローバル化が現代と将来の政治，経済，国際関係に与える影響について多面的・多角的に考察し，表現している。（思判表）

授業展開例（第４時）

（１）パフォーマンス課題

あなたは売れっ子のノンフィクション作家です。社会の変化を敏感に感じ取り，これからの社会の変化を鋭く指摘してきました。そのようなあなたのもとへ出版社から単行本執筆の依頼が来ました。依頼された本のタイトルは「私たちが生きる現代社会とこれから」というものに決まっています。本の内容は，現代日本の特色として少子高齢化，情報化，グローバル化を事例にしながら，それらが現代社会に与える変化や影響を分析し，そこから現在と将来の政治，経済，国際関係がどのようになっていくかを予想するものだそうです。この出版社とは以前から深いつながりがあるため断ることはできず，あなたはこの本の執筆を承諾しました。

さて，あなたはこの本の執筆にあたり，改めて事例として挙がっている少子高齢化，情報化，グローバル化について，その本質や現代の日本社会に与える影響などを分析しました。

そして，その成果を構造図に整理して，執筆する内容を整理することにしました。それらについて分析が終わったあなたは，さっそく構造図の作成に取りかかります。執筆が締め切りに間に合うよう，構造図を完成させてください。

（２）ルーブリックとその文例

	パフォーマンスの尺度（評価の指標）
A	◆Ｂ評価の基準を満たしたうえで，それぞれの観点について，または１つの観点について特に深く考えられているものであったり，より多面的・多角的な視点が加わっていたり，最終の予想が学習の成果を踏まえた納得のいくものとしてより充実したものとなっている。
B	◆以下の３つの観点について，おおむね満足な整理ができており，最終の予想が学習の成果を踏まえた納得のいくものになっている。 ・各事象についてその本質を適切に捉えられている（本質の理解）。 ・各事象と日本社会や現在と将来の政治，経済，国際関係との関連が明確である（関係性）。 ・将来への予想が自分なりにできている（影響性）。
C	◆Ｂ評価の基準を満たしておらず，それぞれの観点について不十分な分析が見られたり，３つの観点のどれかに大きな不十分な分析があったり，最終の予想が学習の成果を踏まえた納得のいくものにはなっていない。

（３）授業の流れ

①導入

本時までに行った3時間の授業を振り返り，少子高齢化，情報化，グローバル化について，その本質（それがどのようなものなのか）と，日本社会に与える影響の 2 つに分けてワークシートに整理させる。この学習活動を通して，それぞれの事象が，どのようなものであり，どのような影響を与えるのかという観点でしっかりと整理させたい。また，影響については，日本社会に与えるよい影響と悪い影響の 2 点についても明確に整理させることに留意する。

②展開

1 の学習課題で整理したものを基にして，それぞれが現在及び将来の政治，経済，国際関係にどう影響を与えるかという 3 点で再整理させる。この学習課題に取り組む中で，例えば，少子高齢化は国内情勢に大きく影響を与えるものであるが，その傾向は先進国共通のものであり，その対応はグローバルな課題となることや，グローバル化の進展に際して情報化の加速が大きく関連しているなど少子高齢化，情報化，グローバル化それぞれの関連に気づかせる。また課題が見えてきたら，その解決策にも目を向けさせ，課題解決の態度も育てていきたい。

③まとめ

2 の整理が終わったところで，**1** や **2** の成果を自分の言葉で表現させる。ここはぜひ，自分の言葉を駆使して論述することを意識させる。国語科の学習で培った「書く」技能を発揮させ論述させる。ここでは再度ルーブリックを提示するなどして，学習の成果を踏まえた納得のいく文章を完成するよう指導してほしい。

この表現活動を通して，少子高齢化，情報化，グローバル化といった現代社会を象徴する事象が，社会にどのように影響し社会をどのように変えていくかというリアルな社会の動きを実感することに期待したい。そしてそれら 3 つだけでなく広く社会的事象の影響に関心をもたせ，公民的分野の学習の導入とする。

評価基準 B の具体例（ **3** の論述）

（例）少子高齢化は，将来を担うこれからの世代の減少と，社会が支えるべき世代の増加であり，まずは財政に大きく影響を与える。大幅な税収不足と医療や福祉支出の増加は今後の政治全般の停滞につながることが予想される。情報化は，情報通信技術の発達により情報伝達がより便利になることだけでなく，情報が大きな価値をもつことにつながる。情報化はこれらの点で経済の発展に寄与し，これまでにないビジネスチャンスや変革をもたらすだろう。グローバル化は，交通・通信の発達によりこれまで以上に人・物・金などが自由に行き交う状況をさし，これによって国際間のつながりがより密となる。これは事実上の国境をなくし，国境を越えた経済活動や文化交流が促進する半面，国際競争や国際分業の加速をもたらすだろう。

こうした変化によって，これからの現代社会は，一国の問題を世界で共有し，また世界の問題を一国が担うという，より関係性の深い社会となるだろう。社会問題を世界の国々がその特色を生かしながら協力し解決していく時代が到来すると考えられる。そして，これまでの価値観が大きく転換し，新たな価値観を地球規模で共有する時代となると考えられる。

作家になって，私たちが生きる現代社会を論じよう

1 少子高齢化，情報化，グローバル化の整理

◆これまでの学習を振り返り，少子高齢化，情報化，グローバル化の本質や現代の日本社会に与える影響を整理しましょう。

少子高齢化	本質（それがどのようなものなのか）
	日本社会に与える影響
情報化	本質（それがどのようなものなのか）
	日本社会に与える影響
グローバル化	本質（それがどのようなものなのか）
	日本社会に与える影響

2 現在と将来の政治，経済，国際関係に与える影響

◆**1** で整理した本質や現代の日本社会に与える影響を政治，経済，国際関係に再整理し，そこから現在と将来の政治，経済，国際関係がどのようになっていくかを予想しましょう。

少子高齢化	情報化	グローバル化

▼

現在と将来の政治	現在と将来の経済	現在と将来の国際関係

3 私たちが生きる現代社会

◆**2** の整理を基にして，私たちが生きる現代社会のこれからを予想し，自分の言葉で説明しましょう。

★ゆえに私たちが生きる現代社会はこうなる！★

年　　　組　　　番：氏名

青年団長になり，文化が村を救うことを納得させよう

生徒に身につけさせたい力

本単元は，公民的分野の最初に位置づけられており，小学校社会科の学習の成果を生かすとともに地理，歴史的分野の学習との円滑な接続を図りながら，今後学ぶ公民的分野の内容の基礎をつくる単元である。本単元では，伝統や文化は私たちの生活にどのような影響を与えているかといった現代社会における文化の意義や影響，文化の継承と創造の意義について追究し，社会との関わりを考え，よりよい社会生活の実現に向けて工夫し創造しようとする実践的な態度や，これから始まる公民的分野の学習で扱う現代の社会的事象について関心を高め，課題を意欲的に追究する態度を養うことを目指したい。

単元の目標

文化が現代社会を規定する大きな要因の一つであることや，現代社会における文化の意義や影響について理解し，私たちの生活の中には我が国の伝統的な考え方や信仰，習慣などが見られること，我が国の伝統と文化が自然や社会との関わりの中で受け継がれてきたこと，日本人の心情やものの考え方の特色など，文化の継承と創造の意義について多面的・多角的に考察し，表現する。

単元の評価規準

知識・技能
・小学校社会科や地理，歴史的分野での学習の成果を生かして，文化が現代社会を規定する大きな要因の一つであることや，現代社会における文化の意義や影響について理解している。
思考力・判断力・表現力
・我が国の伝統と文化などを取り扱いながら，私たちの生活の中には我が国の伝統的な考え方や信仰，習慣などが見られること，我が国の伝統と文化が自然や社会との関わりの中で受け継がれてきたこと，日本人の心情やものの考え方の特色など，文化の継承と創造の意義について多面的・多角的に考察し，表現している。
主体的に学習に取り組む態度
・自分と生活や地域，さらには現代社会との関わりを考え，よりよい社会生活の実現に向けて工夫し創造しようとする実践的な態度を養うとともに，これから始まる公民的分野の学習で扱う現代社会の社会的事象について関心を高め，課題を意欲的に追究しようとしている。

単元の指導計画

時	主な学習活動	評価
1	**◆文化の意義** ・小学校社会科や地理，歴史的分野での学習の成果を生かしながら，我が国の伝統と文化の意義を理解する。 ・文化が社会生活に与える影響について考察する。	・小学校社会科や地理，歴史的分野での学習の成果を生かして，文化が現代社会を規定する大きな要因の一つであることや現代社会における文化の意義や影響について理解している。（知技）
2	**◆伝統文化の特徴と生活** ・日本の伝統文化の特色や多様性，地域社会や人々の生活との関連などについて理解する。 ・日本の伝統文化が自然や社会との関わりの中で受け継がれ，地域の特色，日本人の心情やものの考え方に与える影響について考察する。	・日本の伝統文化の特色が地域社会や人々の生活を歴史的に形づくり，地域社会の成立や運営と密接に関連していることを理解している。（知技） ・具体的な事例を通して日本の伝統文化が地域の特色，日本人の心情やものの考え方に与える影響について考察している。（思判表）
3	**◆伝統文化の継承** ・グローバル化による文化の画一化や世界への日本文化の広がりなど新たな文化に関する変化を理解する。 ・現代社会の大きな変化の中でのこれからの文化の継承の意義について考察する。	・グローバル化は文化の画一化を進め，伝統的な文化が薄れる傾向にあることを理解している。（知技） ・現代社会の大きな変化の中でのこれからの文化をどのように継承していくべきかについて考察している。（思判表）
4	**◆現代社会における文化の在り方** ・我が国の伝統と文化などを取り扱いながら，私たちの生活の中には我が国の伝統的な考え方や信仰，習慣などが見られること，我が国の伝統と文化が自然や社会との関わりの中で受け継がれてきたこと，日本人の心情やものの考え方の特色などを整理する。 ・現代社会における新たな文化の創造や文化の在り方について多面的・多角的に考察し，表現する。	・これまでの学習の成果を整理したものを基にして，これからの現代社会における文化の創造や在り方について多面的・多角的に考察し，表現している。（思判表）

授業展開例（第４時）

（１）パフォーマンス課題

> **あなたは村の青年団長です。あなたが住む村は，かつては多くの人々でにぎわう村でしたが，最近は過疎化の影響で若者を中心に人口が減少し，地域の活気がどんどん薄れている状況です。そのような中，あなたが所属する青年団では，何とか村に活気が戻るような対策はないかと，毎晩のように会合を続けていました。**
>
> **そのような中，あなたは村に伝わる伝統文化に目をつけました。伝統文化で何とか村を活性化できないかと考えたのです。このアイデアを実現すべく，あなたは町の大学に通い，文化の意義や人々の生活との関連などについて集中講座を受けました。全３回の集中講座を終えたあなたは，文化が現代社会を規定する大きな要因の一つであることや日本の伝統文化の特色や多様性，地域社会や人々の生活との関連，グローバル化による文化の画一化や世界への日本文化の広がりなど，新たな文化に関する変化などについて青年団の参加者に説明をしました。しかし，青年団の参加者たちは，本当に伝統文化が進歩の著しい現代社会にとって必要なものなのかと疑っています。**
>
> **そこであなたは，改めて文化が現代社会を規定する大きな要因の一つであることや日本の伝統文化の特色や多様性，地域社会や人々の生活との関連，グローバル化による文化の画一化や世界への日本文化の広がりなど，新たな文化に関する変化などについて整理し，それを基に現代社会における新たな文化の創造や，これからの文化の在り方が重要であることを説明することにしました。この説明のための基礎原稿を作成しましょう。**

（２）ルーブリックとその文例

	パフォーマンスの尺度（評価の指標）
A	◆Ｂ評価の基準を満たしたうえで，それぞれの観点について，または１つの観点について特に深く考えられているものであったり，より多面的・多角的な視点が加わっていたり，最終の論述が適切な表現としてより充実したものとなっている。
B	◆以下の３つの観点について，おおむね満足な整理ができており，最終の論述が適切な表現となっている。 ・単元の学習の成果を生かしている（既習事項の活用）。 ・反論に対して，説得力ある説明となっている（妥当性）。 ・社会における文化の意義が明確である（意義の主張）。
C	◆Ｂ評価の基準を満たしていなく，それぞれの観点について不十分な分析が見られたり，３つの観点のどれかに大きな不十分な分析があったり，最終の論述が適切な表現としては不十分であったりする。

（3）授業の流れ

①導入

我が国の伝統と文化の意義を理解し，文化が社会生活に与える影響について考察する第1時，日本の伝統文化の特色や多様性，地域社会や人々の生活との関連などについて理解し，地域の特色，日本人の心情やものの考え方に与える影響について考察する第2時，新たな文化に関する変化を理解し，現代社会の大きな変化の中でのこれからの文化の継承の意義について考察する第3時の学習内容を，理解と考察とで分けながらワークシートに整理していく。

②展開

文化の重要性について，1で整理したことを，予想される反論に対応する形で練り上げていく学習活動を行う。ここでは，個人で考察させるほか，グループにして反論を話し合い，意見を共有しながら思考を深める学習活動も有効である。

③まとめ

本時の学習の成果を生かして現代社会における新たな文化の創造やこれからの文化の在り方が重要であることを論述させる。展開で深めた論理を丁寧に文章化させたい。文章で論述することにより，自身の思考を整理しながら文化の意義や在り方を深く考察，表現させる。

評価基準Bの具体例（3の論述）

（例）文化とは，衣食住をはじめ，人間がつくりあげた生活の仕方や社会の仕組み，物事に対する感じ方のすべてをさします。様々な文化は，今でも現代人の生活様式の根底を支え重要なものです。しかし，社会の高度化や科学技術の発展，グローバル化の進展といった社会の変化によって，その実態は捉えにくくなり，軽視されがちですが，しかしその重要性は薄れていません。政治や経済など具体的な社会活動が優先されがちですが，その根底にも文化は存在し，大きな影響力をもっており，時には政治や経済を動かすような影響力をもっています。また，文化や芸術こそが人々の生活に潤いをもたらすものであり，人間が人間らしく豊かに生きるためには必要不可欠な存在です。ゆえにいくらかの対価を支出したとしても，それ以上の貨幣では測りきれない価値をもたらすものなのです。

現代社会において年中行事や伝統文化は次第に薄れる傾向にありますが，地域の特色や活力は過去から伝統文化が創造してきたことを歴史が証明しています。今こそ，その重要性を訴えることで，若者をはじめとした人々の活力を結集させることが意味ある行動であると考えます。また，グローバル化が進み，社会が画一化する中でこそ地域の特色を表現するのは文化であると考えます。グローバル化の中で便利な新しい文化を共有するとともに，地域固有の文化も保護，表現していくことが，これからの文化の在り方ではないでしょうか。時代が進化し，科学が進歩する今こそが，それぞれの地域の伝統文化を守り，共有することが大切であると主張します。

青年団長になり，文化が村を救うことを納得させよう

1 学習の成果を整理しよう

◆前時までの全３回の学習の成果を，以下の表に整理しましょう。

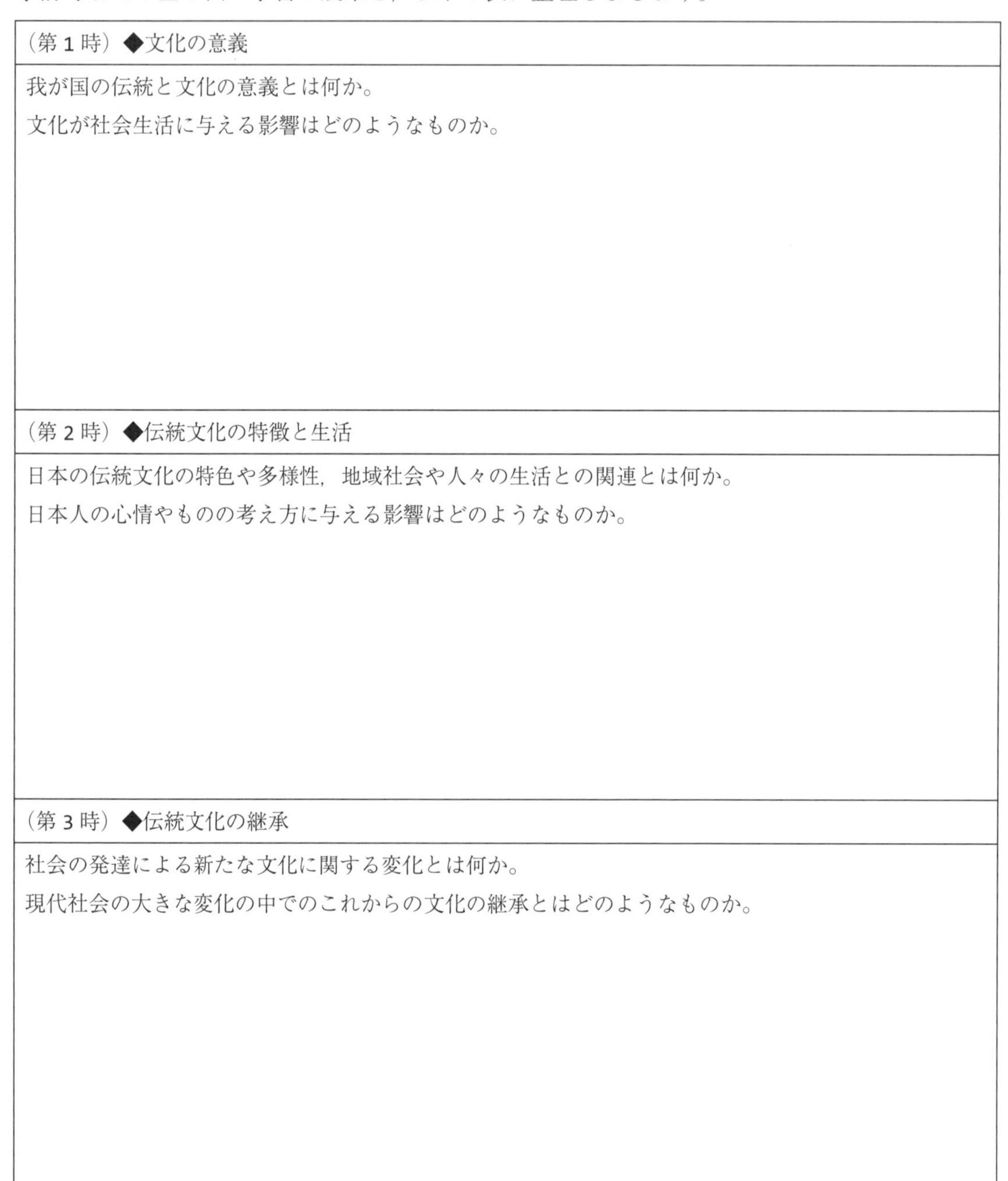

（第１時）◆文化の意義
我が国の伝統と文化の意義とは何か。 文化が社会生活に与える影響はどのようなものか。
（第２時）◆伝統文化の特徴と生活
日本の伝統文化の特色や多様性，地域社会や人々の生活との関連とは何か。 日本人の心情やものの考え方に与える影響はどのようなものか。
（第３時）◆伝統文化の継承
社会の発達による新たな文化に関する変化とは何か。 現代社会の大きな変化の中でのこれからの文化の継承とはどのようなものか。

2 文化の重要性とは

◆1で整理したことをあなたは青年団の参加者に説明しましたが，参加者からは以下のような意見が出ました。それ対しての反論を考えましょう。

・文化よりも政治や経済など具体的な策を優先する方がいいのではないか。
・文化や芸術，宗教などは生産性のあるものではなく力がないのではないか。
・文化や芸術，宗教などの推進にはお金がかかり無駄ではないか。
・年中行事や伝統文化はすたれていくものであり，若者は受け入れないのではないか。
・グローバル化が進み，海外から入る便利なものの方がいいのではないか。
・時代は進化しているのであり，そもそも伝統文化を継承することに意味があるのか。

★反論に対する返答

3 現代社会における新たな文化の創造や文化の在り方

◆1や2の学習課題を生かして，現代社会における新たな文化の創造やこれからの文化の在り方が重要であることについて，あなたの意見を簡潔に説明してみましょう。

年　　組　　番：氏名

実行委員長になって，運動会の練習会場を割り当てよう

生徒に身につけさせたい力

本単元は，大項目A中項目(1)とともにこれから始まる公民的分野で扱う社会的事象に対して関心をもたせ，学習の土台となる単元である。前単元は現代社会における文化の意義や影響，文化の継承と創造の意義について考察したり追究したりする単元であったが，本単元では現代社会を捉え，考察，構想する際に働かせる概念的な枠組みについて理解し，対立と合意，効率と公正などに着目して，課題を追究したり解決したりする学習活動を通して，これから始まる公民的分野の学習の土台となる思考力，判断力，表現力や態度を身につけさせたい。

単元の目標

きまりの意義などに関する理解を基に考察し，表現することができる適切な問いを設け，それらの課題を追究したり解決したりする活動を通して，現代社会を捉え，考察，構想する際に働かせる概念的な枠組みの基礎として対立と合意，効率と公正などについて理解できるようにするとともに，対立と合意，効率と公正などに着目して，課題を追究したり解決したりする活動を通して，これから始まる公民的分野の学習で扱う現代社会の社会的事象について関心を高め，課題を意欲的に追究する態度を育成する。

単元の評価規準

知識・技能
・現代社会の見方・考え方の基礎となる枠組みとして，対立と合意，効率と公正などについて理解しているとともに，人間は本来社会的存在であることを基に，個人の尊厳と両性の本質的平等，契約の重要性やそれを守ることの意義及び個人の責任について理解している。
思考力・判断力・表現力
・社会生活における物事の決定の仕方，契約を通した個人と社会との関係，きまりの役割について多面的・多角的に考察し，表現している。
主体的に学習に取り組む態度
・対立と合意，効率と公正などに着目して，課題を追究したり解決したりする活動を通して，これから始まる公民的分野の学習で扱う現代社会の社会的事象について関心を高め，課題を意欲的に追究しようとしている。

単元の指導計画

時	主な学習活動	評価
1	**◆私たちの生活におけるきまりの意義** きまりの種類や分類などについて理解し，人間は本来社会的存在であることを基に，現代社会に生きる一人として必要であるきまりの意義を考察する。	・人間は本来社会的存在であることを基に個人の尊厳と両性の本質的平等，きまりの意義について理解している。(知技) ・社会生活におけるきまりの役割について多面的・多角的に考察し，表現している。(思判表)
2	**◆「対立」と「合意」** 現代社会の見方・考え方の基礎となる枠組みとして，現代社会における「対立」が発生するメカニズムや「対立」を解消し「合意」に導くための手立てや考え方などについて考察する。	・現代社会の見方・考え方の基礎となる枠組みとして，対立と合意について理解している。(知技) ・社会生活における物事の決定の仕方について多面的・多角的に考察し，表現している。(思判表)
3	**◆「効率」と「公正」** 現代社会の見方・考え方の基礎となる枠組みとして，現代社会を捉える視点や方法としての「効率」や「公正」について理解し，「対立」から「合意」に至る過程での位置づけなどについて考察する。	・現代社会の見方・考え方の基礎となる枠組みとして，効率と公正について理解している。(知技) ・社会生活における物事の決定の仕方について多面的・多角的に考察し，表現している。(思判表)
4	**◆きまりを守る責任** 現代社会に生きる一人として必要であるきまりの意義を基にきまりを守ることの責任やきまりを変更する際の「契約」の重要性について考察する。	・人間は本来社会的存在であることを基に，契約の重要性やそれを守ることの意義及び個人の責任について理解している。(知技) ・社会生活における契約を通した個人と社会との関係，きまりを守る責任について多面的・多角的に考察し，表現している。(思判表)
5	**◆現代社会を捉える枠組み** パフォーマンス課題の設定に基づいて運動会実行委員長の立場で運動会における練習会場割り当て計画の方針及び変更割り当て計画作成の方針をこれまでの学習の成果を生かしながら作成する。	・これまでの学習の成果を生かして「効率」「公正」という視点から参加者が「合意」できる条件を作成する中で，社会生活における物事の決定の仕方，契約を通した個人と社会との関係，きまりの役割について多面的・多角的に考察し，表現している。(思判表)

授業展開例（第５時）

（１）パフォーマンス課題

①あなたは運動会実行委員長です。あなたの中学校では，１か月後に運動会が実施され，あなたは各学年が納得のいく練習会場割り当てを考えることになりました。練習ができる日数は全部で10日間です。また，会場は，広いけれど雨天は使えない校庭と，狭いが雨天でも使用できる体育館，それに個人練習や作戦会議ならできる多目的室の３つを各学年に割り当てることになりました。あなたは「効率」や「公正」という視点で条件を整理しながら練習会場割り当て計画の方針を考え，全校集会で発表します。最上級生である３年生優先の声や，より本番に近い時期に校庭を使いたいといった声も聴かれる中，様々なことを考えて計画を作成しました。この計画を実際に作成し，その方針を説明してください。

②練習会場割り当て計画が完成し，それに基づいて練習が始まりましたが，雨で２回目から５回目までの４日間校庭が使えないという事態が発生しました。そこで実行委員会では，残り５日の練習日の割り当てを変更することを決定し，変更割り当て計画を作成することになりました。そこであなたは実行委員長として全校生徒に計画作成の方針を説明しなければなりません。この残り５日分の変更割り当て計画を実際に作成し，その方針を説明してください。

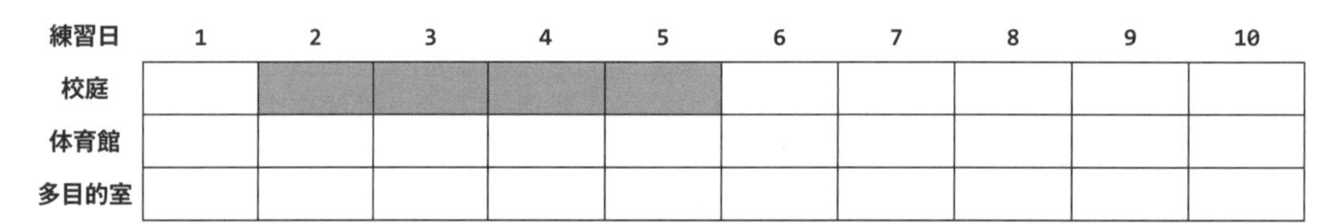

練習日	1	2	3	4	5	6	7	8	9	10
校庭										
体育館										
多目的室										

※グレー部分が雨で校庭が使えなくなったところです。

（２）ルーブリックとその文例

	パフォーマンスの尺度（評価の指標）
A	◆Ｂ評価の基準を満たしたうえで，それぞれの観点について，または１つの観点について特に深く考えられているものであったり，より多面的・多角的な視点が加わっていたりする。
B	◆以下の３つの観点について，おおむね満足な論述となっている。 ・「効率」や「公正」という視点を生かしている。 ・様々な声に配慮している。 ・どの学年から見ても納得のいく（「合意」できる）ものとなっている。
C	◆Ｂ評価の基準を満たしていなく，それぞれの観点について不十分な点が見られたり，全体として不十分な論述であったりする。

（３）授業の流れ

①導入

前時までに学習した現代社会の見方・考え方の基礎となる枠組みとしての対立と合意，効率と公正などについて振り返り，設定された条件を，効率，公正，その他あなたが考えた条件の3つで分類し，設定を分析する。

②展開

分析を基に，練習会場割り当て計画と残り5日分の変更割り当て計画を作成し，その作成の方針について説明を論述する。パフォーマンス課題のストーリーに合わせて，課題①→課題②の順で実施する。

③まとめ

分析結果とともに完成した割り当て計画及び変更計画を発表する。発表の際，教師は生徒が考えた効率と公正の視点の違いや共通点などを解説しながら，学習の成果を共有していく。なお，パフォーマンス課題は単元の冒頭で示し，課題設定を利用しながら授業を進めてもよい。

評価基準Ｂの具体例（２の論述）

（例）

練習日	1	2	3	4	5	6	7	8	9	10
校庭	3年	1年	2年	3年	1年	2年	3年	1年	2年	3年
体育館	2年	3年	1年	2年	3年	1年	2年	3年	1年	2年
多目的室	1年	2年	3年	1年	2年	3年	1年	2年	3年	1年

どの学年も同じ回数にすることが「公正」を確保する基本であると考え，できるだけ偏りのないように配分した。そしてこれを土台として，最上級生である3年生優先の声や，より本番に近い時期に校庭を使いたいといった声に配慮して最終日に校庭が3年生に来るように，また10日間あるので余る1日を初日に設定し，1日目も校庭を3年生，体育館を2年生，多目的室を1年生と割り振った。また，体育館は2年生が，多目的室は1年生が1回多くなるようにした。

練習日	1	2	3	4	5	6	7	8	9	10
校庭	3年	1年	2年	3年	1年	2年	1年	1年	2年	3年
体育館	2年	3年	1年	2年	3年	1年	3年	3年	1年	2年
多目的室	1年	2年	3年	1年	2年	3年	2年	2年	3年	1年

雨天で中止となった校庭の割り振り（グレー部分）を見ると1年生が2回減っているのに対し，3年生は初日に校庭が使えている。このことから後半の5日間中，1回を3年生と1年生を入れ替えた（7日のグレー部分）。これだと校庭の割り振りは各学年2回ずつ，体育館は3年生が1回増，多目的室は2年生が1回増，1年生は練習が1回減となり，学年の優劣に即した割り振りとなる。

実行委員長になって，運動会の練習会場を割り当てよう

1 割り当ての条件

◆項目ごとに配慮する条件を整理しましょう。

効率	
公正	
その他，あなたが考えた条件	

2 運動会の練習会場を割り当てよう

①：練習会場割り当て計画

練習日	1	2	3	4	5	6	7	8	9	10
校庭										
体育館										
多目的室										

★計画した方針の説明

②：残り 5 日分の変更割り当て計画（練習日 6 ～10）

練習日	1	2	3	4	5	6	7	8	9	10
校庭										
体育館										
多目的室										

※グレー部分が雨で校庭が使えなくなったところです。

★計画した方針の説明

年　　組　　番：氏名

ヨーヨー釣りが社会にかかわる？ 課金は危険？

生徒に身につけさせたい力

本単元では，経済活動の意義について消費生活を中心に理解できるようにするとともに，個人や企業の経済活動における役割と責任について多面的，多角的に考察し，表現させたい。本単元は，生徒にとって経済に関する初めての単元である。

概念的な事象が多く，生徒にとっても苦手意識が芽生えやすい公民的分野において，生徒の身近な題材を活用できるよい機会の単元である。生徒が日常行っている“消費”という活動を中心にして，経済活動の意義をしっかりと捉えさせたい。政治に関する単元との学習順番も考慮するなど，工夫するとよい。

単元の目標

対立と合意，効率と公正，分業と交換，希少性などの概念的枠組みに着目して，課題を追究したり解決したりする活動を通して，経済活動の意義について理解する。

また，個人や企業の経済活動における役割と責任について多面的・多角的に考察し，表現する。

そして，主権者として経済に関する諸課題の解決に向けて主体的に社会にかかわろうとする。

単元の評価規準

知識・技能
・経済とは，財やサービスの生産とそれらの消費で成り立っており，人間の生活の維持・向上，生活のための手段であるといった経済活動の意義を理解している。
思考力・判断力・表現力
・対立と合意，効率と公正，分業と交換，希少性などの概念的枠組みに着目して，経済活動の意義について多面的・多角的に考察し，表現している。
主体的に学習に取り組む態度
・主権者として経済に関する諸課題の解決に向けて主体的に社会にかかわろうとしている。

単元の指導計画

時	主な学習活動	評価
1	**◆様々な諸資料から，本単元を貫く問いを設定する。** 例：私たち個人は，経済活動においてどのような役割と責任があるのだろう。	・対立と合意，効率と公正，分業と交換，希少性などの概念的枠組みに着目して，学習課題を見いだし，この問いに対する答えを予想したり，この問いの解決に役立ちそうな情報を挙げたりするなど，解決への見通しを立てようとしている。（態度）
2	**◆私たちの消費生活** 家計とはどのような役割があるのか，日常の消費生活といった具体的な事象と関連させながら理解する。	・家計とはどのような役割があるのか，日常の消費生活といった具体的な事象と関連させながら理解している。（知技）
3	**◆私たちの消費生活と流通** ・私たちと商品をつなぐ流通により，商品がどのようにして私たちに届くのかを理解する。 ・対立と合意，効率と公正，分業と交換，希少性などの概念的枠組みに着目して，流通と私たちの関わりについて多面的・多角的に考察する。	・私たちと商品をつなぐ流通により，商品がどのようにして私たちに届くのかを理解している。（知技） ・対立と合意，効率と公正，分業と交換，希少性などの概念的枠組みに着目して，流通と私たちの関わりについて多面的・多角的に考察している。（思判表）
4	**◆私たちの消費生活の権利と責任** ・私たちの消費生活における権利と責任はどのようなものかを理解する。 ・私たちの消費生活における権利は，どのように守られているのかを理解する。	・私たちの消費生活における権利と責任はどのようなものかを理解している。（知技） ・私たちの消費生活における権利は，どのように守られているのかを理解している。（知技）
5	**◆私たち消費者と経済** 対立と合意，効率と公正，分業と交換，希少性などの概念的枠組みに着目して，これまでの既習事項と関連させながら私たちと経済活動との関わりを多面的・多角的に考察し，表現する。	・対立と合意，効率と公正，分業と交換，希少性などの概念的枠組みに着目して，これまでの既習事項と関連させながら私たちと経済活動との関わりを多面的・多角的に考察し，表現している。（思判表） ・単元の導入に立てた見通しを踏まえて学習を振り返り，次の学習に生かすことを見いだそうとしている。（態度）

授業展開例（第５時）

（１）パフォーマンス課題

> **★ある日の出来事**
> **僕は，小学５年生です。僕の住む地区には昔から伝わる祭りがあって，地域の中学生が「お兄ちゃんお姉ちゃんの協力隊」というボランティアとして多くかかわっています。僕の兄もその一人で，今年はヨーヨー釣りなどゲーム性のある店を多く出店して，運営していくことになったそうです。数日間開催されるその祭りには，毎年多くの人が来て，大変賑やかです。**
> **ある夜，兄のお店に遊びにいきました。「いらっしゃいませ！」「ヨーヨー釣りあるじゃん!?」「やめとけよ，金もったいねぇ。高校生にもなってよ～」「いいんだよ，これだって立派な社会貢献だぜ！　ちゃんと社会にかかわってるだろ。お前だって，たくさん課金してんじゃん，スマホのゲーム。あんだけ課金してんのはヤバいぜ」「ありがとうございます，１回100円になります」**
> **僕は，そのときの高校生の会話の意味がまったくわかりませんでした。（どういうことなんだろう？）…ヨーヨー釣りをしたことがどうして社会にかかわることになるんだろう…。課金は危険？…。その日の夜，ボランティアから帰ってきた兄に，そのことを改めて聞いてみました。すると，兄は，僕たちがどのように経済とかかわっているのか，経済活動やその役割や責任について，丁寧に教えてくれたのです。**

（２）ルーブリックとその文例

	パフォーマンスの尺度（評価の指標）
A	・Ｂ評価を満たしつつ，主権者としてよりよい社会の構築に向け，多面的・多角的に考察，構想し，表現している。
B	・これまでの学習成果を生かしながら，私たちと経済活動との関わり，個人の企業活動における役割や責任を多面的・多角的に考察し，表現している。
C	・学習の成果の活用や私たちと経済の関わりについて，不十分な説明である。

（３）授業の流れ

①導入

冒頭では，単元を貫く問いを提示し，経済といった抽象的な事象を，身近で具体的な消費活動を例に考えることを今一度確認する。経済に関する学習の初めての単元のまとめであるので，丁寧に既習事項を振り返らせることで知識の習得・活用をさせ，これまでの知識が強く関連し，深い学びへとなるように留意する。

②展開

まずは，経済とは何かを，しっかりと振り返らせる。既習しているとはいえ，生徒が実際に自分の言葉で経済とは何かを説明することは非常に難しい。そこで，今一度ワークシートや教科書を活用して，丁寧に適切な内容で知識を習得させる。留意することとして，この段階で習得する知識を，活用できる概念的知識まで高めることを念頭に置いておく必要がある。

次に，経済活動の振り返りを行う。生徒は一消費者として実際に買い物という経済活動をしているが，概念的な知識として習得しているとは言えない。先ほどの経済同様，生徒にとっては関連が見えにくく，大きな視点で捉えることがとても難しい。よって，自分たちと経済活動がどのくらい影響し合っているのかを，具体的にイメージできる例をとって考察させるとよい。今回は，今も収束の見通しが立っていない新型コロナウイルス感染症を例に，どのような影響が実際に出るのかを考えさせる。ここでは，グループワークを通じて，より多面的・多角的な視点で話し合いがなされることがよい。

振り返りの最後に，消費者としてどうあるべきかを，責任という視点で確認させる。

いよいよパフォーマンス課題への取組となる。ここまでの学習で習得したことを活用したり，自分自身の問題として捉えたりして，経済活動の意義，個人の経済活動の役割と責任を主権者の一人としてしっかりと考察させたい。

③まとめ

本単元では，経済活動の意義，私たちと経済活動の関わりを中心に役割と責任について学習した。経済活動を身近なものとして捉え，経済にかかわる主権者の一人として自分事として捉える学習を積み重ねていく最初の一歩となる。最終的に，経済のすべての単元が終わる際に，よりよい経済との関わりを構想することをイメージして次の学習へつなげていきたい。

評価基準Aの具体例（2の論述）

（例）高校生が買い物していたよね，あのヨーヨーは誰がつくったのかな。きっとどこかの工場で誰かがつくったんだよね。そして，あの人たちが持っていたお金は，きっとお父さん，お母さんからもらったか，アルバイトしたか，働いて稼いだお金だよね。ものをつくる生産と，ものを買う消費で，様々なものを交換しながら社会を豊かにすることを経済というんだ。何を買おうかなって迷った経験あるでしょう。選択しているんだよ，お金には限りがあるから，大切に考えて使わないといけないよね。課金そのものは本人の自由だし，何も悪くないよ，お兄ちゃんはしないけどね。大事なことは，自分たちの意思と判断で商品やサービスを選択するってことなんだ。自由に買い物ができるけど，ものには限りがあるから，よく考えて消費者の一人として責任ももたなければいけないんだね。

私たち個人は，経済活動において どのような役割と責任があるのだろう？

1 既習事項の振り返り

（1）経済って，そもそもどんなことでしょう？

＊既習事項である 2 時の授業内容を振り返って書きなさい。（教科書○○ページ参照）

（2）経済活動の意義について

まだまだ予断を許さない状況が続く新型コロナウイルス感染症ですが，もし万が一さらなる壊滅的な拡大が心配され，経済活動が一切止まってしまったら自分たちにどのような影響が出るか想像しながら，いろいろな視点で話し合ってみましょう。

（3）私たちは消費者として，どのような責任をもっていますか。

＊既習事項である 4 時の授業内容を参考にして振り返って書きなさい。

（教科書○○ページ参照）

2 本日の課題

★ある日の出来事

僕は，小学5年生です。僕の住む地区には昔から伝わる祭りがあって，地域の中学生が「お兄ちゃんお姉ちゃんの協力隊」というボランティアとして多くかかわっています。僕の兄もその一人で，今年はヨーヨー釣りなどゲーム性のある店を多く出店して，運営していくことになったそうです。数日間開催されるその祭りには，毎年多くの人が来て，大変賑やかです。

ある夜，兄のお店に遊びにいきました。「いらっしゃいませ！」「ヨーヨー釣りあるじゃん⁉」「やめとけよ，金もったいねぇ。高校生にもなってよ～」「いいんだよ，これだって立派な社会貢献だぜ！ちゃんと社会にかかわってるだろ。お前だって，たくさん課金してんじゃん，スマホのゲーム。あんだけ課金してんのはヤバいぜ」「ありがとうございます，1回100円になります」

僕は，そのときの高校生の会話の意味がまったくわかりませんでした。（どういうことなんだろう？）…ヨーヨー釣りをしたことがどうして社会にかかわることになるんだろう…。課金は危険？…。その日の夜，ボランティアから帰ってきた兄に，そのことを改めて聞いてみました。すると，兄は，僕たちがどのように経済とかかわっているのか，経済活動やその役割や責任について，丁寧に教えてくれたのです。

	パフォーマンスの尺度（評価の指標）
A	・B評価を満たしつつ，主権者としてよりよい社会の構築に向け，多面的・多角的に考察，構想し，表現している。
B	・これまでの学習成果を生かしながら，私たちと経済活動との関わり，個人の企業活動における役割や責任を多面的・多角的に考察し，表現している。
C	・学習の成果の活用や私たちと経済の関わりについて，不十分な説明である。

回答らん

年　　組　　番：氏名

コロナに負けるな！
社運をかけて，社長への提案!!

生徒に身につけさせたい力

本単元では，現代の生産の仕組みや働きなどを理解できるようにするとともに，社会生活における職業の意義と役割及び雇用と労働条件の改善について多面的・多角的に考察し，表現できるようにさせる。前単元との接続を考慮し，身近な消費から始まった経済の学習について，その商品がどこで，誰が，どのように生産しているのかといった関連を図りながら学習を進めたい。2020年は人類にとって未知のウイルスとの戦いだった。それによって，経済の動きに大きな影響を与え，それは少なからず生徒を含む家庭へも影響しているはずである。

そういった社会的事象と関連させながら，主権者として，よりよい社会の構築に向けて課題を解決し，起業などの視点も含めて社会参画していく力を醸成したい。

単元の目標

対立と合意，効率と公正，分業と交換，希少性などの概念的枠組みに着目して，課題を追究したり解決したりする活動を通して，現代の生産の仕組みや働き，勤労の権利と義務，労働組合の意義及び労働基準法の精神について理解する。

また，個人や企業の経済活動における役割と責任，社会生活における職業の意義と役割及び雇用と労働条件の改善について多面的・多角的に考察し，表現する。

そして，主権者として経済に関する諸課題の解決に向けて主体的に社会にかかわろうとする。

単元の評価規準

知識・技能
・現代の生産の仕組みや働き，勤労の権利と義務，労働組合の意義及び労働基準法の精神について理解している。
思考力・判断力・表現力
・対立と合意，効率と公正，分業と交換，希少性などの概念的枠組みに着目して，個人や企業の経済活動における役割と責任，社会生活における職業の意義と役割及び雇用と労働条件の改善について多面的・多角的に考察し，表現している。
主体的に学習に取り組む態度
・主権者として経済に関する諸課題の解決に向けて主体的に社会にかかわろうとしている。

単元の指導計画

時	主な学習活動	評価
1	**◆様々な諸資料から，この単元を貫く問いを設定する。** 例：私たちは，生産活動や労働を通して，社会とどのような関わりがあるのだろう。	・対立と合意，効率と公正，分業と交換，希少性などの概念的枠組みに着目して，学習課題を見いだし，この問いに対する答えを予想したり，この問いの解決に役立ちそうな情報を挙げたりするなど，解決への見通しを立てようとしている。（態度）
2	**◆私たちの経済と企業** 財やサービスはどのように生産されているのか，家計と企業との関連に着目しながら起業という視点を含みつつ，資本主義経済の仕組みと関連させながら理解する。	・財やサービスはどのように生産されているのか，家計と企業との関連に着目しながら起業という視点を含みつつ，資本主義経済の仕組みと関連させながら理解している。（知技）
3	**◆株式会社の仕組みと CSR（企業の社会的責任）** ・株式会社は，どのような仕組みなのかを理解する。 ・対立と合意，効率と公正，分業と交換，希少性などの概念的枠組みに着目して，企業が行う環境への配慮や社会貢献について多面的・多角的に考察し，表現する。	・株式会社は，どのような仕組みなのかを理解している。（知技） ・対立と合意，効率と公正，分業と交換，希少性などの概念的枠組みに着目して，企業が行う環境への配慮や社会貢献について多面的・多角的に考察し，表現している。（思判表）
4	**◆働く意義と労働者の権利** ・勤労の権利と義務，労働組合の意義と労働基準法の精神について理解する。 ・個人は働くことを通して企業に労働力を提供して所得を得ること，企業は雇用に伴う責任を果たすことなどについて，多面的・多角的に考察し，表現する。	・勤労の権利と義務，労働組合の意義と労働基準法の精神について理解している。（知技） ・個人は働くことを通して企業に労働力を提供して所得を得ること，企業は雇用に伴う責任を果たすことなどについて，多面的・多角的に考察し，表現している。（思判表）
5	**◆よりよい労働環境を求めて** 対立と合意，効率と公正，分業と交換，希少性などの概念的枠組みに着目して，これまでの既習事項と関連させながら企業の在り方とよりよい労働環境について多面的・多角的に考察，構想し，表現する。	・対立と合意，効率と公正，分業と交換，希少性などの概念的枠組みに着目して，これまでの既習事項と関連させながら企業の在り方とよりよい労働環境について多面的・多角的に考察，構想し，表現している。（思判表） ・単元の導入に立てた見通しを踏まえて学習を振り返り，次の学習に生かすことを見いだそうとしている。（態度）

授業展開例（第５時）

（１）パフォーマンス課題

★ある日の出来事

私は広告代理店の広報担当課長です。我が社は，従業員が400人程度，売上は年間30億円くらいの中小企業です。会社としては，クライアント（お客様）の立場に寄り添って，きめ細かな対応をすることに定評があり，少しずつではありますが業績を伸ばしてきました。一代で我が社を築いた人望ある社長のもと，社員一同一丸となってここまできたのです。

ここ数年は経営も安定し，今年で50周年を迎えるという節目の時期でした。しかし，ここに来て新型コロナウイルス拡大という人類への挑戦とも言うべき事態に陥りました。世界的な影響が出ており，各国も対策に追われ，人々のライフスタイルに大きな影響を及ぼしました。それは，経済にも大きな影響を与え，我が社にとっても一大事です。

ある朝，社長室に来るようにメモがありました。慌てて社長室に行くと，そこには神妙な面持ちの社長がいました。

「今，我が社は存亡の危機である。この状況下で従業員はじめ多くの人が苦しんでいる。これまで一緒にやってきた仲間を切り捨てることはできない。我が社は，ここはあえて人材の補強を行いたいと思う。会社を辞めざるを得なかった有能な人材が埋もれているはずだ。こんな状況だからこそ，我が社として社会にどうかかわるか，ぜひ会社のPRをしたい」

社長ともう一度這い上がるべく，社運をかけたPR内容（原稿）を考えるのでした。その際，企業の在り方や雇用に伴う責任，環境への配慮や社会貢献などの視点で原稿を書いてみようと思います。

（２）ルーブリックとその文例

	パフォーマンスの尺度（評価の指標）
A	・B評価を満たしつつ，主権者としてよりよい社会の構築に向け，多面的・多角的に考察，構想し，表現している。
B	・これまでの学習成果を生かしながら，企業の在り方やよりよい労働環境について多面的・多角的に考察，構想し，表現している。
C	・学習の成果の活用や企業の在り方，よりよい労働環境について，不十分な説明である。

（3）授業の流れ

①導入

冒頭において，単元を貫く問いを提示する。その際，自分事に捉えて追究できるような問いを設定するとよい。ここでは，企業の生産活動や労働を通して，自分たちがどのように社会とかかわっているのかを考察させる。また，課題を構想としているのは，持続可能な労働環境の在り方を考察させることをねらいとしている。

②展開

初めに，企業とは何か，既習事項である内容をしっかり確認させる。その際，企業の意義や社会との関わりについて，労働によって家計を維持・向上させるだけではなく，個人の個性を生かすとともに，個人と社会とを結びつけ，社会的分業の一部を担うことによって社会に貢献し，社会生活を支える意義があることを，多面的・多角的に考察させたい。その際，国民一人ひとりが生きがいや充実感をもって働き，仕事上の責任を果たすとともに，家庭や地域社会などでの生活において，人生の各段階に応じて多様な生き方の選択・実現を可能とするために，仕事と生活の調和（ワーク・ライフ・バランス）という観点からも，多面的・多角的に考察させる必要がある。いよいよパフォーマンス課題への取組となる。ここまでの学習で習得したことを活用したり，自分自身の問題として捉えたりして，企業の在り方，よりよい労働環境について，主権者の一人としてしっかりと考察させたい。

③まとめ

この単元では，企業の生産活動や労働を通して，社会との関わりを主権者として考察させている。また，企業の在り方やよりよい労働環境を構想させることで，社会参画の意識をより醸成させたい。

評価基準Aの具体例（2の論述）

（例）私たちは，企業として利益を追求することを目的としています。人々が必要とする安全で安心な財やサービスを生産することで経済活動を行っているのはどの企業も同じです。働くことは，収入を得て生活をするために行っているのはもちろんですが，それぞれの個性を活かし，個人と社会とを結びつけることに他なりません。社会の一部を分業することで，社会に立派に貢献することになります。私たちは，このような状況だからこそ，強くそれを考えています。私たちと一緒によりよい社会を創っていきませんか。

もちろん，皆さんの雇用を守り，福利厚生なども充実しています。また，環境への配慮だけでなく，CSRなどにも積極的に取り組んでいます。このコロナによってライフスタイルの転換を迫られました。テレワークなど，企業の在り方も変わってきています。ワーク・ライフ・バランスを実現し，ともによい社会をつくっていきましょう。お待ちしています。

企業の在り方やよりよい労働環境って，どんなことだろう？

1 既習事項の振り返り

（１）企業の目的や意義，私たち自身や経済との関わりについて，分業と交換などに着目して振り返りましょう。
＊既習事項である２，４時の授業内容を振り返って書きなさい。（教科書○○ページ参照）

（２）雇用に伴う企業としての責任や環境への配慮，社会貢献（CSR）などの視点で企業の在り方を振り返りましょう。
＊既習事項である３時の授業内容を振り返って書きなさい。（教科書○○ページ参照）

2 本日の課題

★ある日の出来事

私は広告代理店の広報担当課長です。我が社は，従業員が400人程度，売上は年間30億円くらいの中小企業です。会社としては，クライアント（お客様）の立場に寄り添って，きめ細かな対応をすることに定評があり，少しずつではありますが業績を伸ばしてきました。一代で我が社を築いた人望ある社長のもと，社員一同一丸となってここまできたのです。

ここ数年は経営も安定し，今年で50周年を迎えるという節目の時期でした。しかし，ここに来て新型コロナウイルス拡大という人類への挑戦とも言うべき事態に陥りました。世界的な影響が出ており，各国も対策に追われ，人々のライフスタイルに大きな影響を及ぼしました。それは，経済にも大きな影響を与え，我が社にとっても一大事です。

ある朝，社長室に来るようにメモがありました。慌てて社長室に行くと，そこには神妙な面持ちの社長がいました。

「今，我が社は存亡の危機である。この状況下で従業員はじめ多くの人が苦しんでいる。これまで一緒にやってきた仲間を切り捨てることはできない。我が社は，ここはあえて人材の補強を行いたいと思う。会社を辞めざるを得なかった有能な人材が埋もれているはずだ。こんな状況だからこそ，我が社として社会にどうかかわるか，ぜひ会社のPRをしたい」

社長ともう一度這い上がるべく，社運をかけたPR内容（原稿）を考えるのでした。その際，企業の在り方や雇用に伴う責任，環境への配慮や社会貢献などの視点で原稿を書いてみようと思います。

	パフォーマンスの尺度（評価の指標）
A	・B評価を満たしつつ，主権者としてよりよい社会の構築に向け，多面的・多角的に考察，構想し，表現している。
B	・これまでの学習成果を生かしながら，企業の在り方やよりよい労働環境について多面的・多角的に考察，構想し，表現している。
C	・学習の成果の活用や企業の在り方，よりよい労働環境について，不十分な説明である。

回答らん

年　　組　　番：氏名

価格の働きと金融「銀行マンの思い」

生徒に身につけさせたい力

本単元では，個人，企業などの経済活動を扱い，市場経済の基本的な考え方，現代の金融の仕組みや働きなどを理解させたい。

その際，なぜそのような仕組みがあるのか，どのような役割をもっているのかといった適切な問いを設定して，それらの課題を追究したり解決したりする活動を通して，市場の働きと経済について関心を高め，課題を意欲的に追究する態度を育成したい。市場経済を学習する際は，市場における価格の決まり方や資源の配分についても併せて理解させたい。

単元の目標

対立と合意，効率と公正，分業と交換，希少性などの概念的枠組みに着目して，課題を追究したり解決したりする活動を通して，市場経済の基本的な考え方，価格の決まり方や資源の配分について理解する。

また，現代の金融などの仕組みや働きを理解する。個人や企業の経済活動における役割と責任について多面的・多角的に考察し，表現する。

そして，主権者として経済に関する諸課題の解決に向けて主体的に社会にかかわろうとする。

単元の評価規準

知識・技能
・価格の決まり方や資源の配分についての理解を基に，市場経済の基本的な考え方や現代の金融などの仕組みや働きなどを理解している。
思考力・判断力・表現力
・対立と合意，効率と公正，分業と交換，希少性などの概念的枠組みに着目して，経済活動や起業などを支える金融などの働きについて多面的・多角的に考察し，表現している。
主体的に学習に取り組む態度
・主権者として経済に関する諸課題の解決に向けて主体的に社会にかかわろうとしている。

単元の指導計画

時	主な学習活動	評価
1	**◆様々な諸資料から，本単元を貫く問いを設定する。** 例：金融は私たちの生活にどのような影響を与えているのだろう。	・対立と合意，効率と公正，分業と交換，希少性などの概念的枠組みに着目して，学習課題を見いだし，この問いに対する答えを予想したり，この問いの解決に役立ちそうな情報を挙げたりするなど，解決への見通しを立てようとしている。（態度）
2	**◆市場経済** 市場経済とはどのような経済なのか，価格の決定と関連させながら理解する。	・市場経済とはどのような経済なのか，価格の決定と関連させながら理解している。（知技）
3	**◆価格の働き** 市場経済において，価格はどのような働きをしているか理解する。	・市場経済において，価格はどのような働きをしているか理解している。（知技）
4	**◆金融の働き** 対立と合意，効率と公正，分業と交換，希少性などの概念的枠組みに着目して，これまでの既習事項と関連させながら，起業にふれつつ金融の役割を多面的・多角的に考察，構想し，表現する。	・対立と合意，効率と公正，分業と交換，希少性などの概念的枠組みに着目して，これまでの既習事項と関連させながら，起業にふれつつ金融の役割を多面的・多角的に考察，構想し，表現している。（思判表）
5	**◆一般の銀行と日本銀行** 銀行や日本銀行は，どのような仕事をしているか理解する。	・銀行や日本銀行は，どのような仕事をしているか理解している。（知技）
6	**◆景気の変動と金融政策** 景気の変動はどのような影響を与え，日本銀行はどのような対策を行っているかを理解する。	・景気の変動はどのような影響を与え，日本銀行はどのような対策を行っているかを理解している。（知技） ・単元の導入に立てた見通しを踏まえて学習を振り返り，次の学習に生かすことを見いだそうとしている。（態度）

授業展開例（第４時）

（１）パフォーマンス課題（下記は架空の設定であり，実在のドラマとは関係ありません）

★ある日の出来事

僕の父は，あの銀行を舞台とした大人気ドラマのモデルになった人物です。口ぐせのように，「やられたらやり返せ！　倍返しだ！」といつも言っています。母は，その口の悪さに少々嫌気がさしていますが，僕は一生懸命仕事を頑張る父のことが大好きです。

先日，学校でもドラマが終わってしまうことを惜しむ声がたくさんありました。それを聞くたびに何だか嬉しくなりました。そんな肯定的な意見とは別に，時に悲しい声も聞こえてくるのです。「つまんねぇよ，あんなドラマ。どうせ，銀行マンなんて金貸しだろ。自分の金じゃねぇのによ」そう言うのは，クラスの問題児。父のように，「倍返しだ！」と思いきり言ってやりたいのですが，正直，金融そのものの仕組みがよくわかっていないことに気づきました。

その日の夜，帰宅した父に今日の出来事を話し，改めて金融の役割を聞きました。すると父は，次のように金融の役割を説明してくれたのでした。

（２）ルーブリックとその文例

	パフォーマンスの尺度（評価の指標）
A	・B 評価を満たしつつ，主権者としてよりよい社会の構築に向けた金融の役割について多面的・多角的に考察，構想し，表現している。
B	・これまでの学習成果を生かしながら，起業にふれつつ，私たちの生活における金融の役割を多面的・多角的に考察し，表現している。
C	・学習の成果の活用や私たちと経済の関わりについて，不十分な説明である。

（３）授業の流れ

①導入

冒頭では，単元を貫く問いを提示し，金融といった抽象的な事象が，経済にどう影響し，私たちの生活にどのようにかかわっているか，学習していることを改めて確認する。

本時は，その単元学習の中の一部である。まずは，本時の導入として，身近な例を出し，資金調達をどこからするのか，そのお金の流れを確認させ，本時の学習へとつなげていく。

②展開

教科書を活用しながら，抽象的である“金融”とは何かをしっかりと理解させる。その際，身近な例を出しながら，教科書にある図・資料を利用して説明すると効果的である。資料集を持っている生徒は，それを活用することで理解が深まる。金融とは何かを適切に理解することは，この後のパフォーマンス課題につながるので丁寧に学習する必要がある。既習事項である起業を振り返らせながら学習することで，より多面的になり，パフォーマンス課題へとつながる深い学びとなる。

次に，金融の方法と種類をつかませる。お金を融通する方法として，直接金融と間接金融があり，本時の導入で活用した例示を引用しながら，生徒の理解を深めたい。ここでは，既習した株式の仕組みや株式会社の学習内容を振り返り，関連させながら進めるとよい。以前理解していた内容が，今回の学習によって，より理解度が高まり，また深まりを見せる場合があるので，必ず関連を図りたい。

そして，いよいよ，パフォーマンス課題への取組である。ここまでの学習で習得したことを活用したり，自分自身の問題として捉えさせたりして，金融の役割を多面的・多角的に考察させ，できれば既習した現代社会の特色を踏まえ，これからの社会をよりよくしていくために金融がどうあるべきか，構想させたい。

③まとめ

本単元では，金融の働き，役割を学習した。身近なものを例に出して，経済にかかわる主権者の一人として自分事として捉える学習を積み重ねていくことが重要である。ここでも，他の単元同様，最終的に，経済のすべての単元が終わる際に，よりよい経済との関わりを構想することをイメージして次の学習へつなげていきたい。

評価基準Aの具体例（3の論述）

（例）個人で考えると，欲しいものがあってもお金がなければ買うことができない。家のような大きな買い物であればあるだけ，手元にお金があるとは限らない。企業の場合で考えると，大きなお金があればより大きな仕事ができる可能性があるし，売りたいサービスはあるのにお金がなくてできないなど効率的な資源の分配ではない。

そういったときに，お金に余裕がある人と不足している人との間でお金を融通することを金融という。金融には，資金を直接出資者から集める直接金融と，銀行などを通じて資金を集める間接金融がある。いずれにせよ，経済全体の資金の流れを円滑に助ける働きがあって，これからの時代，新たなサービスや雇用を生み出すためにとても重要な役割だよ。

市場経済において，金融はどのような役割があるのだろう？

☆導入☆

あなたには，どうしても欲しい自転車があります。スポーツタイプの自転車で，49,800円します。月のお小遣いは3,000円です。どうしても，今，買いたいのですが，どうしますか。

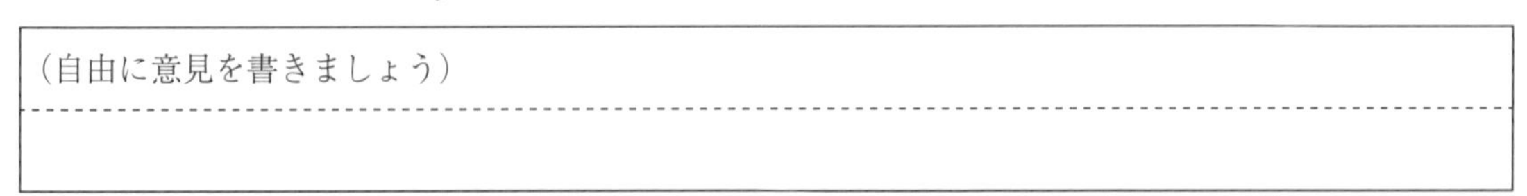
（自由に意見を書きましょう）

1 金融とは

（1）お金の貸し借り

・個人：欲しいものやサービスを買う場合，必ずしもお金を持っているとは限らない。
　⇒　例）：自動車や住宅など高額であればあるほど…

・企業：会社の設備投資や新商品開発，新しいビジネスの起業など，個人よりもまとまった大きなお金が必要になる場合が多い。
　⇒　例）：工場の製造ラインを増やす，新商品開発への投資など

＊（教科書○○ページ参照）

＊起業の学習内容は，教科書○○ページを振り返りましょう

（2）金融とはどのようなことか，教科書○○ページから抜き出して書きましょう。

2 金融の方法と種類

（1）

・（[1]　　　　　　　　）・・・・企業が証券市場を通じて株式や債券を発行し，出資者である家計などから直接，資金を調達すること。

＊株式会社の学習内容を振り返る（教科書P●●参照）

（2）

・（[2]　　　　　　　　）・・・・家計はお金を直接企業に貸すのではなく，銀行などを間にして間接的にお金を貸し，企業は銀行などを通じて間接的に資金を調達すること。

（3）金融の役割とはどのようなことか，教科書○○ページから抜き出して書きなさい。

3 本日の課題

★ある日の出来事

僕の父は，あの銀行を舞台とした大人気ドラマのモデルになった人物です。口ぐせのように，「やられたらやり返せ！　倍返しだ！」といつも言っています。母は，その口の悪さに少々嫌気がさしていますが，僕は一生懸命仕事を頑張る父のことが大好きです。先日，学校でもドラマが終わってしまうことを惜しむ声がたくさんありました。それを聞くたびに何だか嬉しくなりました。そんな肯定的な意見とは別に，時に悲しい声も聞こえてくるのです。「つまんねぇよ，あんなドラマ。どうせ，銀行マンなんて金貸しだろ。自分の金じゃねぇのによ」そう言うのは，クラスの問題児。父のように，「倍返しだ！」と思いきり言ってやりたいのですが，正直，金融そのものの仕組みがよくわかっていないことに気づきました。その日の夜，帰宅した父に今日の出来事を話し，改めて金融の役割を聞きました。すると父は，次のように金融の役割を説明してくれたのでした。

	パフォーマンスの尺度（評価の指標）
A	・B評価を満たしつつ，主権者としてよりよい社会の構築に向けた金融の役割について多面的・多角的に考察，構想し，表現している。
B	・これまでの学習成果を生かしながら，起業にふれつつ，私たちの生活における金融の役割を多面的・多角的に考察し，表現している。
C	・学習の成果の活用や私たちと経済の関わりについて，不十分な説明である。

回答らん

年　　　組　　　番：氏名

若手議員の勉強会で考える，これからの財政と社会保障とは

生徒に身につけさせたい力

本単元では，国や地方公共団体の経済活動を扱い，財政の仕組みや働きなどを理解するとともに，社会資本の整備など市場の働きに委ねることが難しい諸問題に関して，国や地方公共団体が果たす役割について多面的・多角的に考察，構想し，表現できるようにさせたい。

また，生徒にとって身近な税として消費税があるが，税の負担者として自分の将来とかかわらせ，社会保障やマイナンバー制度といった社会的事象と関連させながら，主権者として，よりよい社会の構築に向けて課題を解決し，社会参画していく力を醸成したい。

単元の目標

対立と合意，効率と公正，分業と交換，希少性などの概念的枠組みに着目して，課題を追究したり解決したりする活動を通して，社会資本の整備，少子高齢社会における社会保障の充実・安定化，消費者の保護について，それらの意義を理解する。

また，国や地方公共団体の経済活動における役割と責任について，国や地方公共団体に任せた方が効率的であったり，公正であったり，市場の働きだけに任せたままでは解決が難しかったりする問題について多面的・多角的に考察，構想し，表現する。

そして，主権者として経済に関する諸課題の解決に向けて主体的に社会にかかわろうとする。

単元の評価規準

知識・技能
・社会資本の整備，少子高齢社会における社会保障の充実・安定化，消費者の保護について，それらの意義を理解している。また，財政及び租税の意義，国民の納税の義務について理解している。
思考力・判断力・表現力
・対立と合意，効率と公正，分業と交換，希少性などの概念的枠組みに着目して，市場の働きに委ねることが難しい諸問題に関して，国や地方公共団体が果たす役割について多面的・多角的に考察し，表現している。また，財政及び租税の役割について，多面的・多角的に考察し，表現している。
主体的に学習に取り組む態度
・主権者として経済に関する諸課題の解決に向けて主体的に社会にかかわろうとしている。

単元の指導計画

時	主な学習活動	評価
1	**◆様々な諸資料から，本単元を貫く問いを設定する。** 例：私たちは，税の負担者として，経済とどのようにかかわるべきだろう。	・対立と合意，効率と公正，分業と交換，希少性などの概念的枠組みに着目して，学習課題を見いだし，この問いに対する答えを予想したり，この問いの解決に役立ちそうな情報を挙げたりするなど，解決への見通しを立てようとしている。（態度）
2	**◆私たちの生活と財政** ・財政が将来世代も含めた持続可能な社会の形成に必要であることに留意して，租税の仕組みや特徴，その意義などを理解する。 ・対立と合意，効率と公正，分業と交換，希少性などの概念的枠組みに着目して，財源の確保と配分について，様々な公共サービスによる便益と財政の持続可能性にかかわる概念などを関連づけて多面的・多角的に考察し，表現する。	・財政が将来世代も含めた持続可能な社会の形成に必要であることに留意して，租税の仕組みや特徴，その意義などを理解している。（知技） ・対立と合意，効率と公正，分業と交換，希少性などの概念的枠組みに着目して，財源の確保と配分について，様々な公共サービスによる便益と財政の持続可能性にかかわる概念などを関連づけて多面的・多角的に考察し，表現している。（思判表）
3	**◆政府の働きと財政の役割** ・社会資本が多くの経済活動を円滑に進めるために必要な基礎的施設として，間接的に経済の発展に役立つことについて理解する。 ・我が国の社会資本の現状及び社会の変化を踏まえ，福祉の向上を図るうえで生活に関連した社会資本の充実が必要であることを理解する。	・社会資本が多くの経済活動を円滑に進めるために必要な基礎的施設として，間接的に経済の発展に役立つことについて理解している。（知技） ・我が国の社会資本の現状及び社会の変化を踏まえ，福祉の向上を図るうえで生活に関連した社会資本の充実が必要であることを理解している。（知技）
4	**◆私たちの生活と社会保障** 社会保障制度の基本的な内容を，自助，共助及び公助に留意しながら理解する。	・社会保障制度の基本的な内容を，自助，共助及び公助に留意しながら理解している。（知技）
5	**◆少子高齢社会とこれからの財政** 対立と合意，効率と公正，分業と交換，希少性などの概念的枠組みに着目して，社会保障制度の基本的な内容理解を基に，持続可能な社会保障制度の構築，これからの福祉社会の目指す方向について多面的・多角的に考察，構想し，表現する。	・対立と合意，効率と公正，分業と交換，希少性などの概念的枠組みに着目して，社会保障制度の基本的な内容理解を基に，持続可能な社会保障制度の構築，これからの福祉社会の目指す方向について多面的・多角的に考察，構想し，表現している。（思判表） ・単元の導入に立てた見通しを踏まえて学習を振り返り，次の学習に生かすことを見いだそうとしている。（態度）

授業展開例（第５時）

（１）パフォーマンス課題

★ある日の出来事

私はある政党の議員である。私を含む若手議員は，月に一度程度勉強会を開き，これからの日本のよりよい在り方を夜通し議論している。

ある日の勉強会で，他の議員からこのような発言が出た。「今の日本は少子高齢社会であるが，これからの社会保障と財政についてどうあるべきだろうか。君は，どう考える？」

改めて問われるとなかなか難しい問題である。次の勉強会までちょうど１か月あるので，そこまでに整理して発表することになった。

（２）ルーブリックとその文例

	パフォーマンスの尺度（評価の指標）
A	◆Ｂ評価の基準をすべて満たしたうえで，記述の一部または全部に実現可能性や持続可能性があり，より深い考察をしている。
B	◆以下の３つの観点について，おおむね満足すると判断できる。 ・財政の仕組みや意義などの既習事項が生かされている。 ・現代社会の特色である少子高齢社会と税が関連した内容になっている。 ・資料などの根拠を示して論理的な内容になっている。
C	◆Ｂ評価の３つの観点について，その１つの観点もしくは全体において，不十分な内容である。

（３）授業の流れ

①導入

冒頭において，単元を貫く問いを提示する。消費者としてかかわる間接税としての消費税に代表されるように，身近な例を通してその在り方を考えさせる単元である。税負担者として，どのように経済とかかわっていくべきかを考察させる。また，課題を構想としているのは，持続可能な財政，社会保障の在り方を考察させることをねらいとしている。

②展開

初めに，担税者である自分事として捉えさせるために，既習事項である納税の義務を振り返らせる。そして，財政とはどうあるべきなのか，既習事項を活用する形で構わないので，今一度文章として書かせて定着を図りたい。その際，効率と公正の視点を加え，税の役割と意義を確認させておきたい。

どうしてもペンが進まない生徒に対しては，教科書を確認させるなど，あくまでも本時の目標に向かうための学習として捉えたい。ここでは，グループワークを活用してもよい。以前，学習したものであるからこそ，理解度が高い生徒が教え，サポートする様子が見られる場合がある。そのような教え合い，学び合いの機会としても有効に活用したい。

次に，現代社会の特色である少子高齢社会を今一度確認させる。ここでも，社会保障との関係を浮き彫りにさせるため，あえて高齢者が増えたときの社会保障費の影響と，現役世代が減っていくことで社会保障を下支えする収入面への影響がどのようにあるのか，穴埋め式の回答方法とした。

生徒によっては，ここでつまずいてしまう場合もあり，この後のパフォーマンス課題へとつながらないため，ここはあくまでもスモールステップを踏ませるつもりで学習させたい。その後，改めて文章にすることで，知識を定着させ，理解を図る。生徒の実態に応じて，穴埋め式の（1）や，時間によっては（2）を省略することなども考えられる。

いよいよパフォーマンス課題への取組となる。ここまでの学習で習得したことを活用したり，自分自身の問題として捉えたりして，よりよい財政や社会保障の在り方について，税負担者である主権者の一人としてしっかりと考察，構想させたい。

③まとめ

本単元では，財政や社会保障を通して経済との関わりを主権者として考察させている。また，よりよい財政や社会保障の在り方を構想させることで，社会参画の意識をより醸成させたい。

評価基準Aの具体例（3の論述）

（例）現代社会の特色の一つである少子高齢化は，私たちの社会保障に大きな影響を与えます。なぜなら，少子高齢化が進むと年金などの社会保障費は増え，加えて生産年齢人口が減少すれば税収入や保険料収入も減るからです。海外を見ると，北欧で見られるような高福祉高負担といった考え方とアメリカなどの低福祉低負担といった考え方がありますが，日本はこれからのよりよい社会保障と財政をどう考えるべきでしょうか。

日本は社会保障費をまかなうために増税をしていますが，一般的に経済活動が鈍くなるおそれがあります。社会保障と経済成長を両立させ，持続可能なものとするために，経済成長を下支えするような労働者や企業支援，新たな雇用を生むなど，さらなる工夫が求められます。同時に，私たち国民は，自助，共助及び公助の観点から納税の義務もあります。税負担者として，使い道や配分の在り方を選択・判断する責任もあるのです。

少子高齢社会である
日本の財政と社会保障の在り方を考えよう

1 既習事項の振り返り

（1）人権の単元で学習した内容について，国民の三大義務を書きなさい。

＊既習事項である○○の授業内容を振り返って書きなさい。（教科書○○ページ参照）

①：（　　　　　　　　　　　　　　　　　　　　）

②：（　　　　　　　　　　　　　　　　　　　　）

③：（　　　　　　　　　　　　　　　　　　　　）　＊順不同

（2）財政とはどうあるべきか，効率と公正の視点から簡単に書きなさい。

＊既習事項である1，2時の授業内容を振り返って書きなさい。（教科書○○ページ参照）

2 少子高齢社会と社会福祉

（1）少子高齢化が進むと，社会保障にどのような影響を与えるでしょうか。

☆考え方☆

●高齢者が増えれば，社会保障費は・・・・・・（　　　　　　　）

●生産年齢人口が減少すれば，税などの収入は・・・・・（　　　　　　　）

（2）（1）の影響を，改めて文章にしてみましょう。

3 本日の課題

★ある日の出来事

私はある政党の議員である。私を含む若手議員は，月に一度程度勉強会を開き，これからの日本のよりよい在り方を夜通し議論している。

ある日の勉強会で，他の議員からこのような発言が出た。「今の日本は少子高齢社会であるが，これからの社会保障と財政についてどうあるべきだろうか。君は，どう考える？」

改めて問われるとなかなか難しい問題である。次の勉強会までちょうど1か月あるので，そこまでに整理して発表することになった。

	パフォーマンスの尺度（評価の指標）
A	◆B評価の基準をすべて満たしたうえで，記述の一部または全部に実現可能性や持続可能性があり，より深い考察をしている。
B	◆以下の3つの観点について，おおむね満足すると判断できる。 ・財政の仕組みや意義などの既習事項が生かされている。 ・現代社会の特色である少子高齢社会と税が関連した内容になっている。 ・資料などの根拠を示して論理的な内容になっている。
C	◆B評価の3つの観点について，その1つの観点もしくは全体において，不十分な内容である。

回答らん

年　　組　　番：氏名

AIへのプログラミング！よりよい経済って何？

生徒に身につけさせたい力

本単元では，国や地方公共団体の経済活動を扱い，公害の防止など環境の保全などの意義の理解を基に，国や地方公共団体に任せた方が効率的であったり公正であったりする問題や，市場の働きに委ねることが難しかったりする諸問題に関して，国や地方公共団体が果たす役割について多面的・多角的に考察，構想し，表現できるようにさせたい。

また，経済の最後の単元であるため，これまでの学習を生かしながら現実の経済に対する関心を高め，自分の将来とかかわらせながら，主権者として，よりよい社会の構築に向けて課題を解決し，社会参画していく力を醸成したい。

単元の目標

対立と合意，効率と公正，分業と交換，希少性などの概念的枠組みに着目し，課題を追究したり解決したりする活動を通して，公害の防止など環境の保全について，それらの意義を理解する。

また，国や地方公共団体の経済活動における役割と責任について，国や地方公共団体に任せた方が効率的であったり，公正であったり，市場の働きだけに任せたままでは解決が難しかったりする諸問題について多面的・多角的に考察，構想し，表現する。

そして，主権者として経済に関する諸課題の解決に向けて主体的に社会にかかわろうとする。

単元の評価規準

知識・技能
・公害の防止など環境の保全について，それらの意義を理解している。
思考力・判断力・表現力
・対立と合意，効率と公正，分業と交換，希少性などの概念的枠組みに着目して，市場の働きに委ねることが難しい諸問題に関して，国や地方公共団体が果たす役割について多面的・多角的に考察，構想し，表現している。
主体的に学習に取り組む態度
・主権者として経済に関する諸課題の解決に向けて主体的に社会にかかわろうとしている。

単元の指導計画

時	主な学習活動	評価
1	**◆様々な諸資料から，本単元を貫く問いを設定する。** 例：私たちは，これからの経済と社会にどのようにかかわっていくべきだろう。	・対立と合意，効率と公正，分業と交換，希少性などの概念的枠組みに着目して，学習課題を見いだし，この問いに対する答えを予想したり，この問いの解決に役立ちそうな情報を挙げたりするなど，解決への見通しを立てようとしている。(態度)
2	**◆経済成長と環境保全** ・公害の歴史や国などの取組を理解し，環境保全と両立した持続可能な社会の形成など，その意義を理解する。 ・対立と合意，効率と公正，分業と交換，希少性などの概念的枠組みに着目して，経済成長と環境保全の両立について，個人や企業の責任ある行動など自分事としての視点を入れつつ，多面的・多角的に考察，構想し，表現する。	・公害の歴史や国などの取組を理解し，環境保全と両立した持続可能な社会の形成など，その意義を理解している。(知技) ・対立と合意，効率と公正，分業と交換，希少性などの概念的枠組みに着目して，経済成長と環境保全の両立について，個人や企業の責任ある行動など自分事の視点を入れつつ，多面的・多角的に考察，構想し，表現している。(思判表)
3	**◆経済のグローバル化と社会への影響** 経済がグローバル化することによって，私たちの生活や社会にどのような影響が出ているのかについて理解する。	・経済がグローバル化することによって，私たちの生活や社会にどのような影響が出ているのかについて理解している。(知技)
4	**◆これからの経済と豊かな社会①** 持続可能で豊かな社会をつくるためには，どのような経済，社会の在り方が求められるのかを理解する。	・持続可能で豊かな社会をつくるためには，どのような経済，社会の在り方が求められるのかを理解している。(知技)
5	**◆これからの経済と豊かな社会②** 対立と合意，効率と公正，分業と交換，希少性などの概念的枠組みに着目して，これまでの学習内容を基に，持続可能な社会と経済の在り方について，多面的・多角的に考察，構想し，表現する。	・対立と合意，効率と公正，分業と交換，希少性などの概念的枠組みに着目して，これまでの学習内容を基に，持続可能な社会と経済の在り方について，多面的・多角的に考察，構想し，表現している。(思判表) ・単元の導入に立てた見通しを踏まえて学習を振り返り，次の学習に生かすことを見いだそうとしている。(態度)

授業展開例（第５時）

（１）パフォーマンス課題

★ある日の出来事

私は，『AIと人間の共生の会』の会員です。この会は，AIとどのように共生していくべきかを研究している会です。今後，AIによって私たち人間の生活はよりよいものになることが期待されます。

先日，AIの開発をお願いしている制作会社から，いくつか問い合わせがありました。人間が質問する内容を想定して回答をプログラミングするので，その回答例をつくってほしいとのことでした。その問い合わせの一つは，AIに対して質問される内容が「よりよい経済ってどう考えればいいの？」という内容だった場合，どのように答えればよいか，という問い合わせでした。

他にもいくつか質問例の問い合わせを受けましたが，まずはこれについて回答をしていきたいと思います。

（２）ルーブリックとその文例

	パフォーマンスの尺度（評価の指標）
A	・B評価を満たしつつ，実現可能性があり，自分事として捉え直し，主権者としてよりよい経済の在り方を多面的・多角的に考察，構想し，表現している。
B	・これまでの学習成果を生かしながら，人類の福祉に貢献する視点をもちつつ，持続可能な経済の在り方を多面的・多角的に考察し，表現している。
C	・学習の成果の活用や私たちと経済の関わりについて，不十分な説明である。

（３）授業の流れ

①導入

冒頭において，単元を貫く問いを提示する。これまで学習してきた経済単元の総まとめとなる重要な時間でもある。主権者として，社会に生きるものとしてどのように経済とかかわっていくべきかを考察させる。非常に抽象的な問いであり，解のない問いではあるが，だからこそ構想として，生徒に考察させたい。

②展開

初めに，よりよい経済といった抽象的な問いであるため，思考を整理する必要がある。生徒の学習度合いによっては不要なので，状況によっては割愛しても構わない。豊かさとは何か，これをまずは個人で考察させる。おそらく，お金が真っ先に出てくるのではないか。その他にも，多くは物質的な豊かさに偏ることが予想される。その後，グループ活動で他者の考えに触れる。共有，紹介だけなので時間は短時間でよい。その後，出た考えの中から非物質的な豊かさを分類させる。生徒から出なければ，こちらから「自然環境や文化，景観，安心・安全，人々とのつながり」などを示し，考察させるとよい。ここでの内容が，よりよい経済の在り方につながることから，とても重要な項目なので丁寧に行いたい。

次に，経済発展の視点で留意すべき視点を確認させる。人類が勝ち得た人権の視点である。そのために，既習事項の振り返りとして，生存権を確認する。物質的な豊かさだけを追求してきた歴史とそれに対する国などの様々な取組を忘れることなく，これからの経済の在り方を考察させたい。

最後に，地理的分野で学習した内容や前時で学習している地域の事例を確認させる。ここでの振り返り作業がこの後の考察に大きな影響を与えるので，丁寧に取り組ませたい。既習事項なので個人活動でもよいが，生徒の学習状況によってはグループ活動として共有させることも可能である。

全体の補足として，経済発展を否定するような内容ではなく，経済成長をしつつ持続可能な経済，社会の在り方を考察，構想させることに留意する。また，自分事に置き換え，そのような社会をつくっていくためには，どうかかわるべきか，その視点を忘れずに考察させたい。

③まとめ

本単元では，公害などこれまでの物質的な豊かさを追求した経済によって起こった事例を通して，これからの経済の在り方を主権者の一人として考察，構想させている。この後の大きな単元である国際社会につなげる意味でも，持続可能なよりよい社会の在り方を構想させることで，社会参画の意識をより醸成させたい。

評価基準Aの具体例（3の論述）

（例）私たちは，これまで物質的な豊かさを追求してきました。地理で学習したアメリカのように，大量生産し大量に消費することで，個人も企業も，お金を儲けて幸せをつかんできたのです。確かに，歴史でも学習したように高度経済成長があり，今の経済大国である日本を築いてきたことは間違いありません。しかし，その影として公害問題があります。これは，公民で学習した生存権を脅かす重大な案件であり，私たちも企業も国も責任ある行動を取らなければなりません。また，グローバル化が進む中で，私たちは原油や石炭など再生不可能な資源を多く輸入しています。これらのことから，これからの豊かさとは，物質的な豊かさのみにとらわれず，自然環境や文化，景観，安心・安全，人々とのつながりなどといった非物質的な豊かさも追求していく必要があります。

よりよい経済の在り方を考えよう

1 豊かさとは何だろう

（１）あなたが考える“豊かさ”とは，何でしょう。自由に書きなさい。

（２）（１）で考えた項目のうち，物質的な豊かさを除いた場合，他にどんなことが挙げられるでしょうか。なるべく具体的に書いてみましょう。

2 既習事項の振り返り

（１）人権の単元で学習した憲法の第25条生存権について（　　）に当てはまる適切な語句を書きなさい。

すべて国民は，（1　　　　　　）で（2　　　　　　）的な（3　　　　　　）の生活を営む権利を有する。

⇒ 経済の在り方や社会の在り方を考える際に忘れてはならない視点

（２）前時を特に活用して，地域経済の活性化の例をいくつか挙げてみましょう。

3 本日の課題

★ある日の出来事

私は，『AI と人間の共生の会』の会員です。この会は，AI とどのように共生していくべきかを研究している会です。今後，AI によって私たち人間の生活はよりよいものになることが期待されます。

先日，AI の開発をお願いしている制作会社から，いくつか問い合わせがありました。人間が質問する内容を想定して回答をプログラミングするので，その回答例をつくってほしいとのことでした。その問い合わせの一つは，AI に対して質問される内容が「よりよい経済ってどう考えればいいの？」という内容だった場合，どのように答えればよいか，という問い合わせでした。

他にもいくつか質問例の問い合わせを受けましたが，まずはこれについて回答をしていきたいと思います。

	パフォーマンスの尺度（評価の指標）
A	・B 評価を満たしつつ，実現可能性があり，自分事として捉え直し，主権者としてよりよい経済の在り方を多面的・多角的に考察，構想し，表現している。
B	・これまでの学習成果を生かしながら，人類の福祉に貢献する視点をもちつつ，持続可能な経済の在り方を多面的・多角的に考察し，表現している。
C	・学習の成果の活用や私たちと経済の関わりについて，不十分な説明である。

回答らん

年　　組　　番：氏名

祖父からのお願い！
人権や平和に関する発表をして！

生徒に身につけさせたい力

本単元は，小学校で学習した「日本国憲法が国民生活に果たす役割」や歴史的分野で学習した「人権思想獲得までの来歴」などを関連させることで，より深い学びができる単元である。さらに，この後学習する政治単元の学習に効果的につなげるために，本質の理解が必要となる。

さて，ここでは，個人の尊重と法の支配，民主主義など民主政治の基本となる考え方について理解できるようにする。人権尊重の理解や法の意義を捉えながら，日本国憲法のあらましをつかませ，この後に学習する日常の具体的な事例を取り上げた人権の理解に関する単元へとつなげたい。なお，考察にとどまらず，構想を本単元にかかわらず積み重ねることによって，社会参画の意識・態度を養うこととする。

単元の目標

対立と合意，効率と公正，個人の尊重と法の支配，民主主義などに着目して，課題を追究したり解決したりする活動を通して，人間の尊重についての考え方を深め，法の意義や法に基づく政治が大切であること，日本国憲法の原則や天皇の地位や行為について理解する。また，我が国の政治が日本国憲法に基づいて行われていることの意義について多面的・多角的に考察し，表現し，現代社会に見られる課題の解決を視野に主体的に社会にかかわろうとする。

単元の評価規準

知識・技能
・法の意義や法に基づく政治が大切であること，日本国憲法が基本的人権の尊重，国民主権及び平和主義を基本的原則としていること，日本国及び日本国民統合の象徴としての天皇の地位と天皇の国事に関する行為について理解している。
思考力・判断力・表現力
・対立と合意，効率と公正，個人の尊重と法の支配，民主主義などに着目して，我が国の政治が日本国憲法に基づいて行われていることの意義について多面的・多角的に考察し，表現している。
主体的に学習に取り組む態度
・人間の尊重と日本国憲法の基本的原則について，現代社会に見られる課題の解決を視野に主体的に社会にかかわろうとしている。

単元の指導計画

時	主な学習活動	評価
1	**◆小学校での学習を振り返る。SDGs とも関連を図る。様々な諸資料から，本単元を貫く問いを設定する。** 例：私たちにとって，人権や憲法はどうして大切なんだろう。 （文部科学省国立教育政策研究所から出されている参考資料を参考にして，大きなまとまりで単元をくくるとよいが，ここではあえて分けて計画している）	・対立と合意，効率と公正，個人の尊重と法の支配，民主主義などに着目して，学習課題を見いだし，この問いに対する答えを予想したり，この問いの解決に役立ちそうな情報を挙げたりするなど，解決への見通しを立てようとしている。（態度）
2	**◆人権のこれまでの流れ** ・人類の多年の努力の成果である人権の考え方がこれまでどのように発展してきたのか，歴史的分野での既習内容とも関連させながら理解する。 ・小学校での既習事項や歴史的分野での既習事項と関連させながら，大日本帝国憲法と日本国憲法の比較を通して，日本における人権に対する考え方の芽生えを理解する。	・人権に対する考え方はこれまでどのように発展してきたのか，その歴史的な背景を理解している。（知技） ・諸資料を活用して，人権について，日本における人権の芽生えを理解している。（知技）
3	**◆日本国憲法と平和主義** ・我が国の最高法規である日本国憲法の，基本的人権の尊重，国民主権及び平和主義という基本的原則を理解する。 ・対立と合意，効率と公正，個人の尊重と法の支配，民主主義などに着目して，三権分立制について多面的・多角的に考察する。	・日本国憲法が基本的人権の尊重，国民主権及び平和主義を基本的原則としていることについて理解している。（知技） ・対立と合意，効率と公正，個人の尊重と法の支配，民主主義などに着目して，三権分立制について多面的・多角的に考察している。（思判表）
4	**◆天皇の国事行為** 日本国憲法などの諸資料を活用し，日本国及び日本国民統合の象徴としての天皇の地位と天皇の国事に関する行為について理解する。	・日本国憲法などの諸資料を活用し，日本国及び日本国民統合の象徴としての天皇の地位と天皇の国事に関する行為について理解している。（知技）
5	**◆私たちと人権や憲法** 対立と合意，効率と公正，個人の尊重と法の支配，民主主義などに着目して，これまでの既習事項と関連させながら人権と法の関わりについて多面的・多角的に考察，構想する。	・これまでの既習事項と関連させながら人権と法の関わりについて多面的・多角的に考察，構想している。（思判表） ・単元の導入に立てた見通しを踏まえて学習を振り返り，次の学習に生かすことを見いだそうとしている。（態度）

授業展開例（第５時）

（１）パフォーマンス課題

★ある日の出来事

私が住んでいる地区ではSDGs（持続可能な開発目標）に関するイベントがたくさん行われています。私の祖父はその地区で会長をしており，毎年この時期になるととても忙しそうです。ここ数年は，SDGsの中でも『10　人や国の不平等をなくそう』や『16　平和と公正をすべての人に』に力を入れているようです。

今年は，新型コロナウイルス感染症拡大防止の観点から，インターネットを通じてオンラインでの配信を考えているとのこと。慣れない祖父にとっては，これも悩みの種ですが，インターネットに慣れている私は，よく祖父の相談に乗っています。先日，その祖父に「今年も８月15日に『第10回　HEIWAの鐘をみんなの手で』と題したトークイベントをやるんじゃ。ぜひ中学生を代表して“人権や平和についての思い”を発表してくれんかな」というお願いをされました。大勢の前での発表は抵抗がありますが，今回はオンラインだし，せっかくの機会なので挑戦してみることにしました。

私はまずこれまで社会科で学習した人権・平和に関する内容を振り返りました。すると，ノートに“私たちにとって，人権や憲法ってどうして大切なんだろう”というメモを見つけました。以前学習したことでよく覚えていません。私は，今一度，日本国憲法を中心にして，これについて考えてみようと思いました。

（２）ルーブリックとその文例

	パフォーマンスの尺度（評価の指標）
A	・B評価基準を満たしたうえで，“私たちにとって”という自分事として捉えた記述内容になっている。
B	・これまでの既習事項と関連させながら日本国憲法を中心にして，人権と法の関わりについて多面的・多角的に考察，構想している。
C	・これまでの学習内容が反映されていない不十分な説明である。個人の感想のみの記述になっている。

（３）授業の流れ

①導入

冒頭では，小学校の既習事項やSDGsなどとの関連を図りながら設定した単元の問いを改めて確認する。現在，地球上においても人権は解決すべき課題であり，最終的に行う公民的分野での最後の考察，構想をイメージしながら学習を進める。また，社会参画の視点で社会的事象を考察することが重要であるため，生徒一人ひとりに既習事項を振り返りながら自分事として捉えさせて考えさせたい。

②展開

パフォーマンス課題を提示する前に，これまでの学習を整理させるとより丁寧で生徒の理解が進む。まずは，人権とは何かを整理させる。ここでは，教科書やこれまでのワークシートなどを参考にして書かせるとよい。この時点で覚えているかどうかよりも，誰もが生まれながらにしてもっている平等や自由といった権利であることをつかませたい。ICT などの情報機器を活用している場合は，それを電子黒板などに映し出してもよい。次に，歴史的分野との学習の関連を図り，大日本帝国憲法を振り返らせることで人権を改めて考えさせる。第二次世界大戦の学習は，人権の来歴よりも学習した日が近く，さらに原子爆弾など生徒にとって印象に残りやすい単元であるため，そことの関連を効果的に活用する。

また，同様に憲法を整理させることで，この後のパフォーマンス課題に対して，既習事項を活用しやすい状況をつくる。生徒の学力によっては，単元の冒頭にパフォーマンス課題を提示し，本時の既習事項の振り返りを省いて学習させる展開もある。また，既習事項の振り返りをグループワークにすることもある。さらに，ワークシートの左側を宿題として個人で終わらせ，右側のパフォーマンス課題に対して，グループワークを取り入れることも考えられる。一度，個人で思考させ，その後グループワークによって思考を深めたり広げたりさせつつ，最終的に個人の思考に戻るというものである。ここでのパフォーマンス課題は，この後の基本的人権の具体的な内容や新しい人権について学習する単元への布石となるものである。生徒に，長いまとまりのある見通しをもって取り組ませたい。なお，ルーブリックの観点を事前に丁寧に説明することは，到達目標を伝えることになるので必須である。

③まとめ

授業の終末では，次回の学習の予告・展望を示し，主体的な学習となるよう努める。

評価基準 A の具体例（2の論述）

（例）私たちは誰もが平等で自由に生きる権利をもっています。それが人権です。その人権を守るために法があります。だから大切なのです。人類は，これまで多くの犠牲と年月をかけて人権を獲得してきました。国の権力はとても強いものです。時に間違った判断をとることも多くあります。その強大な権力から人権を守るために法があります。日本は，先の大戦を経て，大日本帝国憲法から日本国憲法へと変わりました。

戦前は，天皇に主権があり，国の政策によって人々の自由が制限されていたなど基本的人権はありませんでしたが，国民主権となり，天皇は象徴となって戦争を放棄しました。これから生きる社会で，私たち一人ひとりは民主主義の基礎である個人の尊重とそれを法が保障していることを忘れてはならないのです。

私たちにとって，人権や法はどうして大切なんだろう？

1 既習事項の振り返り

（1）人権とはなんだ？

＊2時の授業内容を振り返って書きなさい。

（2）大日本帝国憲法から考える人権

＊戦前の大日本帝国憲法を例に人権を改めて考える。簡単に答えなさい。

主権は誰にあったか？：

臣民（国民）の権利はどのように保障されていたか：

政府への批判など否定的な言動をするとどうなった？：

人権の尊重という点でどうだろう

（3）憲法ってなんだ？　法ってどうして必要なんだ？

＊3時の授業内容を振り返って簡単に書きなさい。

～考え方のヒント～

・歴史的分野でも学習したが，王様が法よりも強い権力をもつとどうなるんだろう。

・どうして，日本国憲法は行政・立法・内閣の3つに権力を分けているんだったかな。

2　既習事項の活用

★ある日の出来事

私が住んでいる地区ではSDGs（持続可能な開発目標）に関するイベントがたくさん行われています。私の祖父はその地区で会長をしており，毎年この時期になるととても忙しそうです。ここ数年は，SDGsの中でも『10　人や国の不平等をなくそう』や『16　平和と公正をすべての人に』に力を入れているようです。今年は，新型コロナウイルス感染症拡大防止の観点から，インターネットを通じてオンラインでの配信を考えているとのこと。慣れない祖父にとっては，これも悩みの種ですが，インターネットに慣れている私は，よく祖父の相談に乗っています。先日，その祖父に「今年も8月15日に『第10回　HEIWAの鐘をみんなの手で』と題したトークイベントをやるんじゃ。ぜひ中学生を代表して“人権や平和についての思い”を発表してくれんかな」というお願いをされました。大勢の前での発表は抵抗がありますが，今回はオンラインだし，せっかくの機会なので挑戦してみることにしました。

私はまずこれまで社会科で学習した人権・平和に関する内容を振り返りました。すると，ノートに“私たちにとって，人権や憲法ってどうして大切なんだろう”というメモを見つけました。以前学習したことでよく覚えていません。私は，今一度，日本国憲法を中心にして，これについて考えてみようと思いました。

	パフォーマンスの尺度（評価の指標）
A	・B評価基準を満たしたうえで，“私たちにとって”という自分事として捉えた記述内容になっている。
B	・これまでの既習事項と関連させながら日本国憲法を中心にして，人権と法の関わりについて多面的・多角的に考察，構想している。
C	・これまでの学習内容が反映されていない不十分な説明である。個人の感想のみの記述になっている。

回答らん

年　　組　　番：氏名

先生！ 発表内容について相談があります！

生徒に身につけさせたい力

本単元では，前単元で学習した人権の考え方や法の意義など本質的な部分を活用しながら，日本国憲法の基本的原則を具体的な生活との関わりから学習させ，自由・権利と責任・義務との関係を社会生活の基本として広い視野から正しく認識させることが必要である。単元指導計画にある権利の学習順序としては，生徒にとって捉えやすい権利として自由権の学習で歴史的な関連を図りつつ，自由な経済活動が発展する中で貧困や社会問題が発生したことで社会権など人間らしく生きる権利が必要とされ，その後労働条件の改善などによるようになったことなどを考慮し，この順番とした。

なお，人権に関する社会的事象をより自分事にするために，パフォーマンス課題の設定はもとより，単元のまとまりも工夫するとよい。また，ここでも構想を本単元にかかわらず積み重ねることによって，社会参画の意識・態度を養うこととする。

単元の目標

対立と合意，効率と公正，個人の尊重と法の支配，民主主義などに着目し，課題を追究したり解決したりする活動を通して人間の尊重についての考え方を，基本的人権を中心に理解する。また，我が国の政治が日本国憲法に基づいて行われていることの意義について多面的・多角的に考察し，表現し，現代社会に見られる課題の解決を視野に主体的に社会にかかわろうとする。

単元の評価規準

知識・技能
・基本的人権の考え方，権利の内容，日常生活における基本的人権の権利相互の関係や人権をめぐる諸課題について理解している。
思考力・判断力・表現力
・対立と合意，効率と公正，個人の尊重と法の支配，民主主義などに着目して，我が国の政治が日本国憲法に基づいて行われていることの意義について多面的・多角的に考察し，表現している。
主体的に学習に取り組む態度
・人間の尊重と日本国憲法の基本的原則について，現代社会に見られる課題の解決を視野に主体的に社会にかかわろうとしている。

単元の指導計画

時	主な学習活動	評価
1	**◆自由権** 小林多喜二などの社会主義者への弾圧など歴史的分野の学習と関連させつつ，具体的な事象を取り上げながら，自由権とはどのような権利なのかを理解する。	・自由権とはどのような権利なのか，課題も併せて理解している。（知技）
2	**◆平等権** ハンセン病患者の事例など具体的な事象を取り上げながら，平等権とはどのような権利なのかを理解する。	・平等権とはどのような権利なのか，課題も併せて理解している。（知技）
3	**◆社会権** ・朝日茂さんの事例など具体的な事象を取り上げながら，社会権とはどのような権利なのかを理解する。（労働者の権利については経済でも扱う） ・対立と合意，効率と公正，個人の尊重と法の支配，民主主義などに着目して，朝日茂さんの事例を基に生存権について多面的・多角的に考察する。	・社会権とはどのような権利なのか，課題も併せて理解している。（知技） ・対立と合意，効率と公正，個人の尊重と法の支配，民主主義などに着目して，朝日茂さんの事例を基に生存権について多面的・多角的に考察している。（思判表）
4	**◆基本的人権を守るための権利** 基本的人権を保障するためには，どのような権利があるのか理解する。	・基本的人権を保障するためには，どのような権利があるのか理解している。（知技）
5	**◆自由・権利と責任・義務** ・日本国憲法において，自由と権利を保障されているが，同時にどのような責任・義務があるのか理解する。 ・対立と合意，効率と公正，個人の尊重と法の支配，民主主義などに着目して，公共の福祉に反する事例を基に個人の権利について多面的・多角的に考察する。	・日本国憲法において，自由と権利を保障されているが，同時にどのような責任・義務があるのか理解している。（知技） ・対立と合意，効率と公正，個人の尊重と法の支配，民主主義などに着目して，公共の福祉に反する事例を基に個人の権利について多面的・多角的に考察している。（思判表）
6	**◆基本的人権の課題とこれから** 対立と合意，効率と公正，個人の尊重と法の支配，民主主義などに着目して，これまでの既習事項である基本的人権の諸資料を活用して，自由権，平等権，社会権などいずれかの基本的人権の特色について多面的・多角的に考察，構想する。	・これまでの既習事項である基本的人権の諸資料を活用して，自由権，平等権，社会権などいずれかの基本的人権の特色について多面的・多角的に考察，構想している。（思判表）

授業展開例（第６時）

（１）パフォーマンス課題

先日の振り返り…

**　私が住んでいる地区ではSDGs（持続可能な開発目標）に関するイベントがたくさん行われています。私の祖父から『第10回　HEIWAの鐘をみんなの手で』で中学生を代表して“人権や平和についての思い”の発表依頼がありました。快諾した私は人権や憲法について調べ直しました。**

**　（つづき）**

**　先日，祖父からの依頼内容と調べた内容を，現在通っている中学校の社会科の先生に相談に行きました。すると，その先生からこんな話をされました。**

「平和に関して，人権や憲法の基本的な考え方はわかっているみたいだね。とても素晴らしいよ。今度は，具体的な人権を調べてみてはどうかな。世界と比べて平和な日本でも，まだまだ基本的人権について不十分なところがたくさんあるんだ。

**　せっかくそこまで書けているんだから，もっとよくなるはずだよ。その発表内容が素晴らしいものになることを祈っているよ。頑張って！」**

**　私は，発表内容をよりよくするために，さっそく基本的人権とは具体的にどんなものがあるのか，そのいずれか一つを選び，どんな点に課題があってどうしていくべきなのかを調べてみることにしました。**

（２）ルーブリックとその文例

	パフォーマンスの尺度（評価の指標）
A	◆Ｂ評価基準を満たしつつ，記述の内容が多面的・多角的な内容となっている。
B	◆以下の３つの観点について，おおむね満足すると判断できる。 ・前時までの既習事項を踏まえた内容である。 ・自身で選択した基本的人権（いずれかの権利）の特色が適切な内容である。 ・論理的な意見で書かれている。
C	◆これまでの学習内容が反映されていない不十分な内容である。Ｂ評価基準の観点のいずれかが満たされていない。

（３）授業の流れ

①導入

今回は，前回の単元のストーリーとして続きものであるため，冒頭でパフォーマンス課題を提示する。生徒にとっていかに基本的人権が大切で，この令和の時代でさえ課題があるという事実を再度確認し，その中で社会参画の視点から社会的事象を考察，構想させることがとても重要であるため，生徒が自分事として捉えられるように導入及び展開へとつなげる。

②展開

今回は，導入５分，ルーブリックの評価基準の説明を合わせても10分程度で説明を終わらせ，残りの時間を生徒の個人作業の時間としている。どうしても難しいようであれば，右側のワークシートのように思考の展開を視覚化し，順を追って考えさせることでそのハードルを下げるようにする。その際は，これまでの学習した人権の種類を想起させ，振り返って選択させる。その権利の内容を振り返って確認させると同時に，根拠となる資料を確認させる。

次に，その権利において，どのような課題があるのかを確認させる。最後に，その課題に対してどうしていくべきかを考察，構想するように指導する。その際，多面的・多角的な視点で捉えるために，個人としての権利と併せて義務があることもしっかりと捉えさせる必要がある。また，生徒によっては個人の置かれた状況を自己責任という形で解決を図ろうとする場合もあるため，国による支援が必要不可欠な点もあることを必ず留意させるようにする。他の展開例として，前回同様，グループワークとの併用も可能であるため，適宜工夫するとよい。

③まとめ

授業の終末では，次回の学習の予告・展望を示す。具体的には，技術が進歩し，社会が変化する中で，人々の生活も激しく変化している。生徒自身に，ここまで学習してきた内容以外で考えられる権利は何かなど，予想を立てさせて次につなげてもよい。おそらく，個人情報やプライバシーの権利などは，すぐに出てくると予想されるので，それらをうまく活用しながら次の単元へ向けて主体的な学習となるよう働きかける。

評価基準Ａの具体例（１の論述）

（例）私たちの基本的人権の一つに，社会権があります。1994年の桶川クーラー事件によって，生存権が見直され，生活保護を受けていてもクーラーが使えるようになりました。近年では，気候の変化も激しく，社会情勢も変化し続けています。その時代に合わせて権利を見直す必要があると考えます。また，先日もニュースで児童虐待事件が報道されていましたが，この事例は貧困で子どもを養えないことが原因の一つにあるようです。現在，生活保護受給世帯者数が増加傾向にあって国による早急な支援が必要です。一方で，権利を有する私たちは，同時に義務も負っています。自分たちの権利が保障されていることは，義務を果たすことで成り立つことを正しく理解しなければならないと思います。

人権にはどんなものがあって，何が課題なんだろう？

1 今日のミッション！（前回の単元のパフォーマンス課題とつながっています）

先日の振り返り…
　私が住んでいる地区ではSDGs（持続可能な開発目標）に関するイベントがたくさん行われています。私の祖父から『第10回　HEIWAの鐘をみんなの手で』で中学生を代表して“人権や平和についての思い”の発表依頼がありました。快諾した私は人権や憲法について調べ直しました。

（つづき）
　先日，祖父からの依頼内容と調べた内容を，現在通っている中学校の社会科の先生に相談に行きました。すると，その先生からこんな話をされました。
　「平和に関して，人権や憲法の基本的な考え方はわかっているみたいだね。とても素晴らしいよ。今度は，具体的な人権を調べてみてはどうかな。世界と比べて平和な日本でも，まだまだ基本的人権について不十分なところがたくさんあるんだ。せっかくそこまで書けているんだから，もっとよくなるはずだよ。その発表内容が素晴らしいものになることを祈っているよ。頑張って！」

　私は，発表内容をよりよくするために，さっそく基本的人権とは具体的にどんなものがあるのか，そのいずれか一つを選び，どんな点に課題があってどうしていくべきなのかを調べてみることにしました。

これまでの学習内容を振り返って自由に書きなさい。

	パフォーマンスの尺度（評価の指標）
A	◆Ｂ評価基準を満たしつつ，記述の内容が多面的・多角的な内容となっている。
B	◆以下の３つの観点について，おおむね満足すると判断できる。 ・前時までの既習事項を踏まえた内容である。 ・自身で選択した基本的人権（いずれかの権利）の特色が適切な内容である。 ・論理的な意見で書かれている。
C	◆これまでの学習内容が反映されていない不十分な内容である。Ｂ評価基準の観点のいずれかが満たされていない。

2 これまでの学習内容の振り返り

（１）私は，（　　　　　　　　　　　　）について調べます。

＊自由権，平等権，社会権などこれまで学習した内容から選択して書きなさい。

（２）

その権利はどんな権利でしたか？

使っていた資料名はどこにあった何というタイトルですか？

その権利については，どのような課題がありましたか？

（３）その課題に対して，どうしていかなければいけないのでしょうか

＊個人の権利・個人の義務，国の制度支援など多面的・多角的な視点で考えましょう。

年　　　組　　　番：氏名

世界人権デーのイベントで,人権について発表してみよう！

生徒に身につけさせたい力

本単元は，小学校で学習した「日本国憲法が国民生活に果たす役割」と関連させることで，より深い学びができる単元である。ここではこれまで学習した人権の考え方や法の意義などの本質的な理解と，日常の具体的な事例を取り上げた権利相互の関係や人権をめぐる諸課題についての理解に加えて，これからの社会における新しい人権とその課題に対する在り方を理解させ，考察，構想させたい。

先に学習している章で，産業技術の進展や情報化やグローバル化など現代社会の特色を捉えている。そこで学習した視点から，新しい人権について考察，構想させることができる単元であるため，効果的に関連を図りたい。また，本単元で人間の尊重と日本国憲法の基本的原則に関してはまとめとなる。民主主義の基礎である個人の尊厳と人間の尊重をしっかり理解させ，振り返らせることで，この次に学習する政治に対して主権者として主体的に社会参画していく意欲と態度を養わせたい。

単元の目標

対立と合意，効率と公正，個人の尊重と法の支配，民主主義などに着目して，課題を追究したり解決したりする活動を通して，個人の尊厳や人間の尊重について現代社会の特色と関連させながら新しい人権を中心に理解する。また，基本的人権について多面的・多角的に考察し，表現し，現代社会に見られる課題の解決を視野に主体的に社会にかかわろうとする。

単元の評価規準

知識・技能
・現代社会の特色と関連させながら，基本的人権の考え方，権利の内容，日常生活における基本的人権の権利相互の関係や人権をめぐる諸課題について理解している。
思考力・判断力・表現力
・対立と合意，効率と公正，個人の尊重と法の支配，民主主義などに着目して，現代社会に見られる新しい人権に関する諸課題について多面的・多角的に考察し，表現している。
主体的に学習に取り組む態度
・基本的人権について，現代社会に見られる課題の解決を視野に主体的に社会にかかわろうとしている。

単元の指導計画

時	主な学習活動	評価
1	**◆産業技術の進展と新しい人権** 現代社会の特色と関連させながら，環境権や自己決定権などに関する具体的な事象を取り上げ，新しい人権を理解する。	・環境権や自己決定権など新しい人権とはどのような権利か，課題も併せて理解している。（知技）
2	**◆情報化と新しい人権** ・現代社会の特色と関連させながら，知る権利やプライバシーの権利などに関する具体的な事象を取り上げ，新しい人権を理解する。 ・対立と合意，効率と公正，個人の尊重と法の支配，民主主義などに着目して，知る権利とプライバシーの権利に関する事例を基にその課題について多面的・多角的に考察する。	・知る権利やプライバシーの権利など新しい人権とはどのような権利か，課題も併せて理解している。（知技） ・対立と合意，効率と公正，個人の尊重と法の支配，民主主義などに着目して，知る権利とプライバシーの権利に関する事例を基にその課題について多面的・多角的に考察している。（思判表）
3	**◆グローバル化と新しい人権** 現代社会の特色と関連させながら，国際的な人権保障の広がりなどに関する具体的な事象を取り上げながら，国際社会における人権を理解する。	・現代社会の特色と関連させながら，国際的な人権保障の広がりなどに関する具体的な事象を取り上げながら，国際社会における人権を理解している。（知技）
4	**◆これからの人権と私たちの関わり** 対立と合意，効率と公正，個人の尊重と法の支配，民主主義などに着目して，これまでの既習事項である人権や法に関する諸資料を活用し，これからの人権と私たちの関わりについて多面的・多角的に考察，構想する。	・対立と合意，効率と公正，個人の尊重と法の支配，民主主義などに着目して，これまでの既習事項である人権や法に関する諸資料を活用し，これからの人権と私たちの関わりについて多面的・多角的に考察，構想している。（思判表）

授業展開例（第４時）

（１）パフォーマンス課題

これまでの振り返り…

私が住んでいる地区ではSDGs（持続可能な開発目標）に関するイベントがたくさん行われています。私の祖父から『第10回　HEIWAの鐘をみんなの手で』で中学生を代表して“人権や平和についての思い”の発表依頼があり，快諾した私は人権や憲法について調べました。その後，通っている中学校の社会科の先生に相談に行くと，より具体的なアドバイスをいただき，基本的人権について，権利の内容や課題を調べ直したのです。

（つづき）

先日，その発表も無事に終わり，祖父も大変喜んでいました。私も挑戦してみてよかったと思いました。周囲の反響も大きかったようで，祖父のところに問い合わせが来ているそうです。何だか嬉しいのと恥ずかしいのと複雑な心境です。その中に，法務省からのメールがありました。

内容は，世界人権宣言が出された記念すべき12月10日の『世界人権デー』に合わせたイベント『みんなで築こう　人権の世紀』に向けて，中学生の発表を募集しているとのこと。これからの人権について，私たちがどうかかわっていくべきかを考えてみませんか，という内容でした。初めは，祖父からのふとしたお願いがきっかけでしたが，せっかくのチャンスなので応募してみようと思います。

（２）ルーブリックとその文例

	パフォーマンスの尺度（評価の指標）
A	・B評価基準を満たしつつ，自分事として捉えていて社会参画の意志が明確な内容となっている。
B	・人権と法に関する既習事項を生かしつつ，人権に対してこれからどのようにかかわっていくべきかを，多面的・多角的に考察，構想している。
C	・これまでの学習内容が反映されていない不十分な内容である。B評価基準の観点が満たされていない。

（３）授業の流れ

①導入

前項目，前々項目からと続く単元のストーリーとして連続性をもたせたパフォーマンス課題が特徴であるが，本時はその課題の最後であり，まとめとなる授業である。

冒頭ではパフォーマンス課題に対する予告をし，これまでの学習のすべてを活用するイメージをもたせる必要がある。学習状況の積み上げ，生徒の理解度によってはこの後のパフォーマンス課題に対する取組が弱くなってしまうおそれがあるので，既習事項のポイントに留意させ，学習を進めたい。

②展開

今回は，個人→グループ→個人という活動のスタイルとした。初め，パフォーマンス課題に対して個人で考察させる。時間は10分程度か。学習状況の積み上げ，生徒の理解度によってはこの個人の考察を宿題とする場合も考えられる。

その後，少人数グループによる発表活動を行う。社会科の授業用に編成された生活班とは異なる3～4人の少人数グループを編成する。そのグループワークによって，他者の意見を聞き，思考の広がり，理解の定着を図ることを目的としている。グループワークによって多面的・多角的な考察の支援を行う。なお，本来は，考察する課題がAかB，どちらでも選択できるような選択型だと，その理由も併せて考察，表現するため，より活動が効果的となる。

グループ活動後，最終評価をとる段階として，改めて個人作業に戻ってくる。他者の意見を参考にして自分の意見が変わる場合もあれば，当初通りの回答内容になる場合もある。時間は15～20分程度は確保したい。

③まとめ

次回の予告を行う。次回からは，民主政治と政治参加の学習であり，これまでの法がいかにつくられ，私たちとどうかかわっているのかなど，我が国の政治に関する具体的な事例を扱いながら，将来国政に参加する主権者，公民の育成を目指していく。

評価基準Aの具体例（3の論述）

（例）人は生まれながらにして自由で平等です。すべての人は法の下に平等であり，差別は絶対に許されません。それが人権です。これまで私たちは多くの犠牲と時間を費やし，この人権を獲得してきました。戦争が終わって民主主義の道を歩み始めたときから，民主主義の基礎である個人の尊重と法による保障で，権利を有しています。

一方でそれを有する私たちは，同時に義務も負っています。今，私たちの生きる社会では，例えば，効率を犠牲にした環境権，知る権利や防犯カメラとプライバシーの権利，尊厳死と自己決定権，宗教上による女性蔑視など，情報化やグローバル化など社会の大きな変化に伴って，人権上の課題も増えています。

私たちは，かけがえのない人権をこれからも守り続けていくことが必要ですが，社会が変われば，それに合わせて法を変えていくことも必要です。私たちがよりよい社会でよりよく生きていくために，人権や法があります。日々の生活で“ちがい”や“当たり前”といったことを今一度立ち止まって見直してみてはいかがでしょうか。

これからの人権に私たちはどうかかわっていくべき？

1 今日のミッション！（前回，前々回の単元のパフォーマンス課題とつながっています）

これまでの振り返り…

私が住んでいる地区ではSDGs（持続可能な開発目標）に関するイベントがたくさん行われています。私の祖父から『第10回　HEIWAの鐘をみんなの手で』で中学生を代表して“人権や平和についての思い”の発表依頼があり，快諾した私は人権や憲法について調べました。その後，通っている中学校の社会科の先生に相談に行くと，より具体的なアドバイスをいただき，基本的人権について，権利の内容や課題を調べ直したのです。

（つづき）

先日，その発表も無事に終わり，祖父も大変喜んでいました。私も挑戦してみてよかったと思いました。周囲の反響も大きかったようで，祖父のところに問い合わせが来ているそうです。何だか嬉しいのと恥ずかしいのと複雑な心境です。その中に，法務省からのメールがありました。

内容は，世界人権宣言が出された記念すべき12月10日の『世界人権デー』に合わせたイベント『みんなで築こう　人権の世紀』に向けて，中学生の発表を募集しているとのこと。これからの人権について，私たちがどうかかわっていくべきかを考えてみませんか，という内容でした。初めは，祖父からのふとしたお願いがきっかけでしたが，せっかくのチャンスなので応募してみようと思います。

これまでの学習内容を振り返って自由に書きなさい。

	パフォーマンスの尺度（評価の指標）
A	・B 評価基準を満たしつつ，自分事として捉えていて社会参画の意志が明確な内容となっている。
B	・人権と法に関する既習事項を生かしつつ，人権に対してこれからどのようにかかわっていくべきかを，多面的・多角的に考察，構想している。
C	・これまでの学習内容が反映されていない不十分な内容である。B 評価基準の観点が満たされていない。

2 グループ内でそれぞれ考えを発表し，友達の意見も聞いてみよう

（グループ作業のメモ）

3 個人で再度，考えをまとめてみよう

年　　組　　番：氏名

18歳のわたし，母校の中学校で「選挙とは？」

生徒に身につけさせたい力

本単元では，議会制民主主義の意義，多数決の原理とその運用の在り方，政党の役割について理解させたい。また，主権者であるという自覚を深め，主体的に政治に参加することについて多面的・多角的に考察，構想し，表現させたい。

18歳以上に引き下げられた選挙権を扱う単元なので，政治に参加する権利を行使する良識ある主権者として，主体的に政治に参加することの自覚を養わせたい。

単元の目標

対立と合意，効率と公正，個人の尊重と法の支配，民主主義などに着目して，課題を追究したり解決したりする活動を通して，議会制民主主義の意義，多数決の原則とその運用の在り方，政党の役割について理解する。

また，民主政治の推進と，公正な世論の形成や選挙など国民の政治参加との関連について多面的・多角的に考察し，構想し，表現する。

そして，我が国の民主政治の発展に寄与しようとする自覚を育成し，主体的に社会にかかわろうとする。

単元の評価規準

知識・技能
・国民の代表者によって構成される議会で国の基本的な政策を決定する議会制民主主義が我が国の政治の原則となっていること，また，議会制民主主義を守り，発展させようとする努力が必要であること，そして，政党が議会制民主主義の運営上欠くことのできないものであることを理解している。
思考力・判断力・表現力
・対立と合意，効率と公正，個人の尊重と法の支配，民主主義などに着目して，民主政治の推進と，公正な世論の形成や選挙など国民の政治参加との関連について多面的・多角的に考察，構想し，表現している。
主体的に学習に取り組む態度
・我が国の民主政治の発展に寄与しようとする自覚をもち，国民の一人として主体的に社会にかかわろうとしている。

単元の指導計画

時	主な学習活動	評価
1	**◆様々な諸資料から，本単元を貫く問いを設定する。** 例：民主政治をよりよく運営していくためには，私たちはどのように政治にかかわっていくべきだろう。	・対立と合意，効率と公正，個人の尊重と法の支配，民主主義などに着目して，学習課題を見いだし，この問いに対する答えを予想したり，この問いの解決に役立ちそうな情報を挙げたりするなど，解決への見通しを立てようとしている。（態度）
2	**◆民主政治** ・政治とは何か，民主主義と多数決を関連させながら理解する。 ・国民一人ひとりの思いや願いを現実のものとするために，国会はどのような役割をもっているかを理解する。	・政治とは何か，民主主義と多数決を関連させながら理解している。（知技） ・国民一人ひとりの思いや願いを現実のものとするために，国会はどのような役割をもっているかを諸資料を活用して，理解している。（知技）
3	**◆世論とマスメディアの関係** ・世論とマスメディアは，民主政治にどのように関わり，どんな役割を果たしているのかを理解する。 ・対立と合意，効率と公正，個人の尊重と法の支配，民主主義などに着目して，マスメディアと私たちの関わりについて多面的・多角的に考察する。	・世論とマスメディアは，民主政治にどのように関わり，どんな役割を果たしているのかを理解している。（知技） ・対立と合意，効率と公正，個人の尊重と法の支配，民主主義などに着目して，マスメディアと私たちの関わりについて多面的・多角的に考察している。（思判表）
4	**◆政党** 我が国の政治において，政党はどのような意義をもち，どのような働きをしているか理解する。	・政党に関する諸資料を活用し，我が国の政治において，政党はどのような意義をもち，どのような働きをしているかについて理解している。（知技）
5	**◆政治参加と選挙①** 対立と合意，効率と公正，個人の尊重と法の支配，民主主義などに着目して，選挙の意味や仕組みを理解する。	・対立と合意，効率と公正，個人の尊重と法の支配，民主主義などに着目して，選挙の意味や仕組みを理解している。（知技）
6	**◆政治参加と選挙②** 対立と合意，効率と公正，個人の尊重と法の支配，民主主義などに着目して，これまでの既習事項と関連させながら選挙制度の課題解決に向けて多面的・多角的に考察，構想する。	・これまでの既習事項と関連させながら，選挙制度の課題解決に向けて多面的・多角的に考察，構想している。（思判表） ・単元の導入に立てた見通しを踏まえて学習を振り返り，次の学習に生かすことを見いだそうとしている。（態度）

授業展開例（第６時）

（１）パフォーマンス課題

★ある日の出来事

先月，誕生日を迎え18歳になった私は，今，選挙会場にいる。いよいよ初めての選挙。清き一票を，入れるときがきた。ドキドキしながら選挙会場である地元の小学校の体育館に向かう。朝が早いせいか，会場に入ると，人は数名程度しかいない。受付に選挙カードを持って行くと，バーコードを読み取って，投票用紙をもらった。仕切り板で区切られた記入台まで進んでいくと，立候補者一覧と鉛筆が数本置いてあった。該当者の名前を書いて，投票箱へ入れた。初めての選挙は終わった。なんか大人に近づいた感じがした…。

体育館を出たところで，ふいに声をかけられた。

「久しぶりだね，元気にしていましたか」振り向くと，３年前に卒業した中学校の元担任の先生がいた。「こんなところで会うなんて，本当に偶然だね。大人っぽくなって」…懐かしい話をいろいろした後，先生からこんな相談をされた。

「実は，元学級委員だった君に折り入って頼みたいことがあるんだ。電話しようと思っていたんだが，会えてちょうどよかった。その相談というのはね，今度，うちの中学校で総合の時間を使って，３年生に“これからの選挙”というテーマで話をしてほしいんだ」と。「なぜ選挙が必要で，これからどうかかわっていくべきか」を話してほしいというのです。中学生と年代が近い私だからこそ，届く言葉があるというのです。

（２）ルーブリックとその文例

	パフォーマンスの尺度（評価の指標）
A	・B 評価を満たしつつ，選挙制度のよりよい在り方を目指して，選挙制度の課題解決を含む選挙と私たちの関わりについて，多面的・多角的に考察，構想している。
B	・これまでの学習成果を生かしながら，選挙の意義に触れ，選挙制度の課題解決に向けて多面的・多角的に考察，構想している。
C	・学習の成果の活用や選挙制度の課題について，不十分な説明である。

（３）授業の流れ

①導入

冒頭では，単元を貫く問いを提示し，政治を自分事として捉え，どのようにかかわっていくべきかを今一度考えさせる。政治に参加する最も重要な機会である選挙を，既習事項を振り返らせることで確認する。

②展開

選挙が私たちにとって政治に参加する重要な機会であることを確認した後，次はどのような課題が選挙制度にあるのかを資料を活用して読み取らせる。ここでは，まず投票率が減少しているという点と，特にどの年代が低いのかをしっかりと捉えさせる。その後，なぜそのような現状になっているのかを多面的・多角的に考察させたい。この思考においては，個人で作業させた後，グループ活動で考えを共有するのもよい。留意点としては，投票率の低いことのどこに問題があるのかをしっかりと捉えさせたい。次に，もう一つの課題である一票の格差である。こちらも資料を活用して，その事象を読み取らせる。一票の格差がどのような点で問題なのか，効率と公正の観点で考えさせよう。こちらもグループ活動することが可能だが，全体の進行状況など時間を考慮して組み立てたい。

選挙制度の意義や現状の課題を捉えた後，いよいよパフォーマンス課題への取組となる。ここまでの学習で習得したことを活用したり，自分自身の問題として捉えたりして，これからの選挙制度をどのようによりよい方向にもっていくのか，制度的な問題はもちろん，自分自身が有権者の一人としてどうかかわっていくのかをしっかりと考察させ，構想までさせたい。その際，妥当性や効果，実現可能性などを踏まえて考察，構想させるように留意する。

③まとめ

本単元では，議会制民主主義の意義，多数決の原理とその運用の在り方や私たちと政治の関わりの機会の一つである選挙の意義や課題などを学習した。政治を身近なものとして捉え，主権者を見据えて自分事として捉える学習を積み重ねていく最初の一歩となる。この後の学習では，具体的に国会の仕組みなどを学習していくが，地方自治の学習で地域のよりよい在り方を構想する内容へとつなげていきたい。

評価基準Aの具体例（3の論述）

（例）選挙とは何か。選挙は，国民が政治に参加する最も重要な機会で，民主主義にとってとても大切です。その課題には，いくつかあります。一つは，「一票の格差」です。国民の意見が正しく政治に反映するためには，一票の価値が平等である必要があります。ところが，議員一人当たりの有権者数に2倍以上の差がある選挙区があります。他にも，投票率の低下があります。「選挙に行っても何も変わらない」といった無力感や「政治家は信じられない」といった不信感がそうさせているようです。

投票率が低いと，一部の人の意見で国の政治を決めてしまうことになりますよね。期日前投票などの制度的な改善はもちろんですが，私たち自身が政治に関心をもつことが必要です。歴史の学習を思い出してください。民主主義は人類が勝ち得た貴重な成果です。皆さんは，もうすぐ選挙権を得ます。積極的に政治に参加し，私たちの未来を自分たちの手でつくっていきましょう。

民主政治をよりよく運営していくためには，私たちはどのように政治にかかわっていくべき？

1 既習事項の振り返り

（1）選挙って，そもそもどんな意味があるのでしょう？
＊前時である5時の授業内容を振り返って書きなさい。

2 選挙制度の課題

（1）資料1は，「年代別の投票率」を表した資料です。
どのようなことが読み取れますか，書いてみましょう。

資料1
年代別の投票率を表した
資料の掲示

（2）なぜ，（1）のようになっているのか，書いてみましょう。

（3）資料2は，「一票の格差」を表した資料です。
どのようなことが読み取れますか，書いてみましょう。

資料2
一票の格差を表した
資料の掲示

（4）何が問題なのか，効率と公正の観点から書きましょう。

3 本日の課題

★ある日の出来事

先月，誕生日を迎え18歳になった私は，今，選挙会場にいる。いよいよ初めての選挙。清き一票を，入れるときがきた。ドキドキしながら選挙会場である地元の小学校の体育館に向かう。朝が早いせいか，会場に入ると，人は数名程度しかいない。受付に選挙カードを持って行くと，バーコードを読み取って，投票用紙をもらった。仕切り板で区切られた記入台まで進んでいくと，立候補者一覧と鉛筆が数本置いてあった。該当者の名前を書いて，投票箱へ入れた。初めての選挙は終わった。なんか大人に近づいた感じがした…。体育館を出たところで，ふいに声をかけられた。

「久しぶりだね，元気にしていましたか」振り向くと，3年前に卒業した中学校の元担任の先生がいた。「こんなところで会うなんて，本当に偶然だね。大人っぽくなって」…懐かしい話をいろいろした後，先生からこんな相談をされた。「実は，元学級委員だった君に折り入って頼みたいことがあるんだ。電話しようと思っていたんだが，会えてちょうどよかった。その相談というのはね，今度，うちの中学校で総合の時間を使って，3年生に“これからの選挙”というテーマで話をしてほしいんだ」と。「なぜ選挙が必要で，これからどうかかわっていくべきか」を話してほしいというのです。中学生と年代が近い私だからこそ，届く言葉があるというのです。

	パフォーマンスの尺度（評価の指標）
A	・B評価を満たしつつ，選挙制度のよりよい在り方を目指して，選挙制度の課題解決を含む選挙と私たちの関わりについて多面的・多角的に考察，構想している。
B	・これまでの学習成果を生かしながら，選挙の意義に触れ，選挙制度の課題解決に向けて多面的多角的に考察，構想している。
C	・学習の成果の活用や選挙制度の課題について，不十分な説明である。

年　　組　　番：氏名

友達に説明しよう！
三権分立の意義や私たちとの関わり

生徒に身につけさせたい力

本単元では，国会を中心とする我が国の民主政治の仕組みのあらましや国民の権利を守り，社会の秩序を維持するための，法に基づく公正な裁判の保障について理解させたい。また，裁判員制度の学習を通して，主体的に政治に参加することについて多面的・多角的に考察，構想し，表現させたい。

さらに，裁判の学習では，抽象的な理解にならないように，具体的な裁判の働きや，国民の視点が裁判の内容に反映される裁判員制度についても触れ，生徒自身の司法への理解を高められるようにしたい。

単元の目標

対立と合意，効率と公正，個人の尊重と法の支配，民主主義などに着目して，課題を追究したり解決したりする活動を通して，国会を中心とする我が国の民主政治の仕組みのあらましや国民の権利を守り，社会の秩序を維持するための，法に基づく公正な裁判の保障について理解する。また，裁判員制度の学習を通して，国民の司法参加の意義について多面的・多角的に考察，構想し，表現する。そして，我が国の民主政治の発展に寄与しようとする自覚を育成し，主体的に社会にかかわろうとする。

単元の評価規準

知識・技能
・国会は主権者である国民の代表者によって構成される国の最高機関であり，国の唯一の立法機関であること，また，議院内閣制を採用していることを理解し，権力分立制によって国民の自由や権利を守ることにつながっていることを理解している。
思考力・判断力・表現力
・対立と合意，効率と公正，個人の尊重と法の支配，民主主義などに着目して，裁判員制度の学習を通して国民の司法参加の意義について多面的・多角的に考察，構想し，表現している。
主体的に学習に取り組む態度
・我が国の民主政治の発展に寄与しようとする自覚をもち，国民の一人として主体的に社会にかかわろうとしている。

単元の指導計画

時	主な学習活動	評価
1	**◆様々な諸資料から，本単元を貫く問いを設定する。** 例：私たちの自由や権利を守る権力分立制は，それぞれどのような仕組みになっているのだろう。	・（前単元と同様のため省略）
2	**◆国会の仕組み** 国会の仕組みやあらましを理解する。	・国会の仕組みやあらましを理解している。（知技）
3	**◆国会の課題（国会議員の役割）** 国会議員の活動などに関する諸資料の読み取りを通して，国会の仕組みや課題を理解する。	・国会議員の活動などに関する諸資料の読み取りを通して，国会の仕組みや課題を理解している。（知技）
4	**◆内閣の仕組み** 内閣の仕事，議院内閣制の仕組みを理解する。	・内閣の仕事，議院内閣制の仕組みを理解している。（知技）
5	**◆行政の課題とこれからの役割** 現在の行政は，どのような課題を抱え，どのような役割を担っているのかを理解する。	・現在の行政は，どのような課題を抱え，どのような役割を担っているのかを理解している。（知技）
6	**◆裁判の種類と働き** 裁判の種類とその働きについて，諸資料などを活用し読み取って理解する。	・裁判の種類とその働きについて，諸資料などを活用し読み取って理解している。（知技）
7	**◆刑事裁判** 民事裁判と比較する学習を通して，刑事裁判とはどのような仕組みかを理解する。	・民事裁判と比較する学習を通して，刑事裁判とはどのような仕組みかを理解している。（知技）
8	**◆人権を守る裁判制度** 人権を守るために，裁判にはどのような制度があるかを理解する。	・人権を守るために，裁判にはどのような制度があるかを理解している。（知技）
9	**◆裁判員制度と司法制度改革** 裁判員制度はどのような制度か，司法制度には現在どのような課題があるかを理解する。	・裁判員制度はどのような制度か，司法制度には現在どのような課題があるかを理解している。（知技）
10・11	**◆模擬裁判** 模擬裁判を通して，裁判制度について多面的・多角的に考察，構想する。	・模擬裁判を通して，裁判制度について多面的・多角的に考察，構想している。（思判表）
12	**◆三権分立** ・三権はどのように分立しているかを理解する。 ・対立と合意，効率と公正，個人の尊重と法の支配，民主主義などに着目して，これまでの既習事項と関連させながら三権に対して私たちはどのようにかかわっていくべきか，多面的・多角的に考察，構想する。	・三権はどのように分立しているかを理解している。（知技） ・これまでの既習事項と関連させながら，三権に対して私たちはどのようにかかわっていくべきか，多面的・多角的に考察，構想している。（思判表） ・単元の導入に立てた見通しを踏まえて学習を振り返り，次の学習に生かすことを見いだそうとしている。（態度）

授業展開例（第12時）

（1）パフォーマンス課題

> **★ある日の出来事①**
>
> **来週，私の中学校では第3回目の定期考査を控えています。受験学年ということもあって，最近では朝や昼休みもみんな勉強に熱が入っているようです。ある日の昼休み，仲のよい友達からこんなお願いをされました。「こないだ習った三権分立がよくわからないんだけど，関係性を図にして説明してもらえないかな。先生には聞きにくくて…」仲のよい友達のお願いなので，何とか説明してみようと思い，ペンと紙をとりました。**
>
> **★ある日の出来事②**
>
> **一通り説明をすると，「三権の内容はわかったし，関係性も図にしてくれたことで何となくだけどわかったよ。でも，なんか自分たちには関係のないような，遠いところの話に感じるね。自分たちにはあんまり関係ないのかなぁ。しかもどうしてわざわざ分立させてるんだろう」と言うのです。「そんなことはないよ。だってさ…」三権分立の意義や私たちとの関わりを友達に教えてあげたのです。**

（2）ルーブリックとその文例

	パフォーマンスの尺度（評価の指標）
A	・Bの評価基準を満たしつつ，単純な書き写しではなく，他者に説明するのに十分な内容（見やすさも含め）となっている。 ・B評価を満たしつつ，三権と私たち自身との関わりについて，妥当性があり実現可能な範囲で多面的・多角的に考察，構想している。
B	・既習事項を活用し，三権の内容と関係性を適切に図に表している。 ・これまでの学習成果を生かしながら，三権の意義や私たち自身との関わりについて多面的・多角的に考察，構想している。
C	・学習の活用が不十分で，かかれている図や説明文が不十分な内容である。

（3）授業の流れ

①導入

ここまでの学習と比べて比較的まとまりが大きめの単元であったので，冒頭で今一度単元を貫く問いを提示し，国会の仕組みを通して政治を自分事として捉え，どのようにかかわっていくべきかを考えさせ，確認する。毎時の授業で到達目標を確認し続けていると，スムーズに授業に入っていける。国会の仕組みの学習を通して，まとめとなる学習であることを提示する。

②展開

国会，内閣，裁判所という独立した機関があり，それぞれが立法，行政，司法という三権で分立している仕組みを，図にまとめることで視覚的に理解させる。これはどの教科書にも載っている代表的な資料である。それを単純に書き写す作業にさせるのではなく，あくまでもパフォーマンス課題における他者への説明ができるような図にすることを目標とする。書かれている用語の理解や関係性の理解度を高めることがねらいである。今回は評価基準も載せているが，必ずしも評価する必要はない。

場合によっては，グループワークとして，三権分立の説明をお互いにさせるような学習も考えられる。各校の生徒の学習状況に合わせて対応すればよい。

次に，三権分立と私たちの関わりを考察させる学習であるが，既習事項を振り返らせるために，グループワークを取り入れている。ただし，これも時間の都合上カットし，すぐに個人作業としてもよい。どちらにせよ，自分事として捉え，主権者として，国民の一人として，どのようにかかわっていくことが必要なのかを考察，構想することが重要である。

③まとめ

本単元では，国会の仕組みなどの学習を通して，国民の自由や権利を保障するなど民主政治が安定していることを捉えた。いよいよ，次の単元で地方自治の学習をすることで，よりよい社会の創り手として政治に対して主体的な関わりをさせたい。

評価基準Aの具体例（2の論述）

（例）歴史の学習も含めてこれまで学習してきた通り，国の権力は大きいよね。強い強制力があるから，間違って使われると私たち国民の自由や権利が制限されてしまう可能性がある。だから，立法，行政，司法という三権に国の権力を分けているんだ。そして，それぞれ国会，内閣，裁判所という独立した機関が担っているんだ。こうして，互いに抑制し均衡を保つことで，私たち国民の権利と自由を保障しているんだよ。

また，この三権に対する私たちの関わり方だけど，例えば，主権者として自分たちは国会に選挙という形で参加しているよね。内閣には，支持するかしないかといった世論でかかわっているし，裁判所には，国民審査や裁判員としてかかわっているよね。国民主権の民主政治をこれからも維持していくためには，自分たちの積極的な政治への関わりが大事なんだよ。投票率が低いと，一部の人の意見で国の政治を決めてしまうことになるよね。

三権分立の意義と私たちの関わりはどうあるべき？

1 三権分立の仕組み

★ある日の出来事①

来週，私の中学校では第3回目の定期考査を控えています。受験学年ということもあって，最近では朝や昼休みもみんな勉強に熱が入っているようです。ある日の昼休み，仲のよい友達からこんなお願いをされました。「こないだ習った三権分立がよくわからないんだけど，関係性を図にして説明してもらえないかな。先生には聞きにくくて…」仲のよい友達のお願いなので，何とか説明してみようと思い，ペンと紙をとりました。

	パフォーマンスの尺度（評価の指標）
A	・Bの評価基準を満たしつつ，単純な書き写しではなく，他者に説明するのに十分な内容（見やすさも含め）となっている。
B	・既習事項を活用し，三権の内容と関係性を適切に図に表している。
C	・学習の活用が不十分で，かかれている図や説明文が不十分な内容である。

三権分立とはどのような仕組みでしょうか。教科書や資料集などを活用して図にまとめてみましょう。

＊「国会」・「内閣」・「裁判所」にそれぞれ関係する内容でまとめていくとよい。

〈三権分立の仕組み〉

国民

2　三権分立と私たちの関わり

★ある日の出来事②

一通り説明をすると，「三権の内容はわかったし，関係性も図にしてくれたことで何となくだけどわかったよ。でも，なんか自分たちには関係のないような，遠いところの話に感じるね。自分たちにはあんまり関係ないのかなぁ。しかもどうしてわざわざ分立させてるんだろう」と言うのです。「そんなことはないよ。だってさ…」三権分立の意義や私たちとの関わりを友達に教えてあげたのです。

	パフォーマンスの尺度（評価の指標）
A	・B 評価を満たしつつ，三権と私たち自身との関わりについて，妥当性があり実現可能な範囲で多面的・多角的に考察，構想している。
B	・これまでの学習成果を生かしながら，三権の意義や私たち自身との関わりについて多面的・多角的に考察，構想している。
C	・学習の活用が不十分で，かかれている図や説明文が不十分な内容である。

（1）三権分立は私たちにとって，どのような意義があるのでしょう。そして，私たちはどのようにかかわっていくべきなのでしょうか。

（グループ活動）どうして分立している？

（2）回答らん（個人作業）

年　　　組　　　番：氏名

地元の若手議員になって，中学生に地方自治への思いを語ろう！

生徒に身につけさせたい力

本単元では，地域社会における住民の福祉は，私たち住民の自発的な努力によって実現し，住民参加による自治が地方公共団体の政治の仕組みや働きを貫いている考え方であることを理解させたい。また，地方公共団体の政治や仕組みに関する学習を通して，住民の権利や義務を捉えさせ，地域社会への関心を高め，地方自治の発展に寄与しようとする自治意識の基礎を育成するようにしたい。

なお，地方自治は生徒自身にとって題材が身近である。本単元の特性を生かし，地理的分野で学習した身近な地域と積極的な関連を図る必要がある。例えば，身近な地域の学習で地域の特色を捉えた際に課題をつかんでいるはずである。その課題を資料としてまとめ直し，生徒に活用させることで，より深い学びが図られる。

単元の目標

対立と合意，効率と公正，個人の尊重と法の支配，民主主義などに着目して，課題を追究したり解決したりする活動を通して，地方自治の基本的な考え方について理解し，同時に地方公共団体の政治の仕組み，住民の権利や義務を理解する。また，地方自治の仕組みや意義，関わり方について多面的・多角的に考察，構想し，表現する。そして，我が国の民主政治の発展に寄与しようとする自覚を育成し，主体的に地方自治にかかわろうとする。

単元の評価規準

知識・技能
・地域社会における住民の福祉が住民の自発的な努力によって実現し，住民参加による自治を基本とする考え方が地方公共団体の政治の仕組みや働きを貫いていること，さらにその仕組みや住民の権利と義務を理解している。
思考力・判断力・表現力
・対立と合意，効率と公正，個人の尊重と法の支配，民主主義などに着目して，地方自治の仕組みや意義，関わり方について多面的・多角的に考察，構想し，表現している。
主体的に学習に取り組む態度
・我が国の民主政治の発展に寄与しようとする自覚をもち，住民の一人として主体的に地域にかかわろうとしている。

単元の指導計画

時	主な学習活動	評価
1	**◆様々な諸資料から，本単元を貫く問いを設定する。** 例：民主政治をよりよく運営していくためには，私たちはどのように地方自治にかかわっていくべきだろう。	・対立と合意，効率と公正，個人の尊重と法の支配，民主主義などに着目して，学習課題を見いだし，この問いに対する答えを予想したり，この問いの解決に役立ちそうな情報を挙げたりするなど，解決への見通しを立てようとしている。（態度）
2	**◆地方自治と地方公共団体** ・地方自治とはどのような考えに基づいているのかを理解する。 ・地方公共団体はどのような仕事を行っているかを理解する。	・地方自治とはどのような考えに基づいているのかを理解している。（知技） ・地方公共団体はどのような仕事を行っているかを理解している。（知技）
3	**◆地方自治と私たちの政治参加** 地方自治はどのような仕組みで行われていて，私たちはどのように政治参加するかを理解する。	・地方自治はどのような仕組みで行われていて，私たちはどのように政治参加するかを理解している。（知技）
4	**◆地方自治の財政** 対立と合意，効率と公正，個人の尊重と法の支配，民主主義などに着目して，地方公共団体の財政状況と課題について，多面的・多角的に考察し，構想する。	・対立と合意，効率と公正，個人の尊重と法の支配，民主主義などに着目して，地方公共団体の財政状況と課題について，多面的・多角的に考察し，構想している。（思判表）
5	**◆地方自治のこれから①** 変わりゆく社会の中で，地方自治体はどのような課題を抱え，そして，どのような取組をしているかを理解する。	・変わりゆく社会の中で，地方自治体はどのような課題を抱え，そして，どのような取組をしているかを理解している。（知技）
6	**◆地方自治のこれから②** 対立と合意，効率と公正，個人の尊重と法の支配，民主主義などに着目して，これまでの既習事項と関連させながら地方自治の課題解決に向けて多面的・多角的に考察，構想する。	・これまでの既習事項と関連させながら，地方自治の課題解決に向けて多面的・多角的に考察，構想している。（思判表） ・単元の導入に立てた見通しを踏まえて学習を振り返り，次の学習に生かすことを見いだそうとしている。（態度）

授業展開例（第6時）

（1）パフォーマンス課題

★ある日の出来事

私は，前回の地方選挙で当選した若手議員です。

先日，選挙区にある地元の中学校から講演依頼がありました。「これからの地方自治」というテーマで話をしてほしいとのことでした。中学3年生に地方自治の意義を伝えつつ，これからの未来を担っていく中学生に対してどのように地方自治とかかわっていくべきなのか，そのメッセージや思いを伝えてほしいというのです。

実際に地域が抱えている課題を例に，その解決策の事例や案を出しながら説明した方が，きっと中学生にもイメージがわきやすいのではないかと考え，さっそく地域の資料収集を始め，原稿を書き始めました。

＊地理的分野における，身近な地域の学習と関連を図り，そこでの課題を活用するとよい。

（2）ルーブリックとその文例

	パフォーマンスの尺度（評価の指標）
A	・Bの評価基準を満たしつつ，私たちの身近な課題を捉えて関連させるなど社会参画の意識が特に強く，かつその解決に向けて妥当性があり実現可能な範囲で多面的・多角的に考察，構想している。
B	・これまでの学習内容を生かし，地方自治の考え方を踏まえながら，資料から事例を根拠として用い，自分たちの地方自治に対する関わりを，多面的・多角的に考察している。
C	・これまでの学習内容が反映されていない不十分な内容である。B評価基準の観点が満たされていない。

（3）授業の流れ

①導入

冒頭で，今一度単元を貫く問いを提示し，地方自治を通して政治を自分事として捉え，どのようにかかわっていくべきかを考えさせ，確認する。毎時の授業で到達目標を確認し続けていると，スムーズに授業に入っていける。

また，政治を身近なものとするため，地方自治では地理的分野で学習した身近な地域との積極的な関連を図り，そこで捉えた地域的特色を活用することが望ましい。導入までに，学習内容の確認と準備をしておくとよい。

②展開

自分たちの住む地域に対する課題，問題意識を共有した後，それを解決してよりよい町にしていくために地方自治があることを確認させる。そこで，これまでの既習事項を振り返らせ，地方自治とはどのような考え方に基づいて行われているのかを今一度整理させる。国が行う政治と違って，地域ごとに課題が異なり，地域に合わせた柔軟な対応を必要とするため，効率の観点からも地方自治の役割があり，自分たちが積極的にかかわることが必要なことをしっかりと留意させる必要がある。

生徒によって振り返りが難しい場合は，具体的な視点に落として考えさせるとつかみやすい。例えば，沿岸部に暮らす人々と都心の高層ビルの中で暮らす人々では抱えている課題も対応策も大きく異なるわけで，それを一概にまとめられない。

学習方法においては，使える時間と学習状況や生徒の教室環境にもよるが，本時のパフォーマンス課題を個人作業として評価するので，そこまでの振り返りに関してはグループワークとしてもよい。ただし，振り返りによって得られる既習事項の習得度合いが異なりすぎないように，全体での知識共有を個人作業の前にはどこかでしておきたい。

③まとめ

本単元では，地方自治の仕組みなどの学習を通して，自分たちの住む町を自分たちでよりよくしていくことができることを強く捉えさせたい。そのためには，生徒にとって身近な地域を題材として活用し，いかに社会参画をしていくのかを意識づけし，これからの社会の創り手として主体的な関わりをさせたい。

評価基準Aの具体例（3の論述）

（例）これまで国の政治を学習してきたと思いますが，地方の政治と何が違うのでしょう。私たちが暮らす地域社会には，その地域によって異なる様々な課題があります。その細かな対応を国だけで行うことは不可能です。その地域に暮らす人々が，その地域の実態に合わせて，自らの意思と責任で地方の政治を行う仕組みを地方自治と言います。

皆さんが地理的分野で学習したように，私たちが住む町，江古田は住宅密集地域による防災の視点での不安があります。道路幅が狭いところが多く見られますよね。火災や地震の発生時に，緊急車両が通れないと多くの被害が出ることが予想されます。もちろん，財政の問題や区画整理をせずに住宅環境を残したいという意見との合意形成を図る必要もあります。いずれにせよ，その解決に向けて，立候補者の対策案を見て選挙を通して支持したり，自分たちの要望を集めて議会に出したりなどができます。

私たちには，直接請求権が幅広く認められているので，自分たちの住む町をよりよい町にするために，積極的に政治にかかわり，関心をもつことが大切なんです。自分たちの住む町を自分たちの手でつくっていくのです。

地方自治とわたしたちの関わりはどうあるべき？

1 地理的分野の学習の振り返り

身近な地域の学習を振り返って，自分たちの住む町にどのような課題があったのか，書きなさい（自然の有無，公園などの子育て環境，自転車の駐輪や路上喫煙，バスの運行経路，防災など具体的な視点で書くとよい）。

2 これまでの学習の振り返り

（1）地方自治とはどのような考え方だっただろうか。これまでの学習内容を振り返って書きなさい。

（2）私たちは，どのように地方の政治にかかわることができたか，箇条書き程度でよいのでこれまでの学習を振り返って書きなさい。

3 地方自治とわたしたちの関わり

★ある日の出来事

私は，前回の地方選挙で当選した若手議員です。先日，選挙区にある地元の中学校から講演依頼がありました。「これからの地方自治」というテーマで話をしてほしいとのことでした。中学3年生に地方自治の意義を伝えつつ，これからの未来を担っていく中学生に対してどのように地方自治とかかわっていくべきなのか，そのメッセージや思いを伝えてほしいというのです。実際に地域が抱えている課題を例に，その解決策の事例や案を出しながら説明した方が，きっと中学生にもイメージがわきやすいのではないかと考え，さっそく地域の資料収集を始め，原稿を書き始めました。

＊地理的分野における，身近な地域の学習と関連を図り，そこでの課題を活用するとよい。

	パフォーマンスの尺度（評価の指標）
A	・Bの評価基準を満たしつつ，私たちの身近な課題を捉えて関連させるなど社会参画の意識が特に強く，かつその解決に向けて妥当性があり実現可能な範囲で多面的・多角的に考察，構想している。
B	・これまでの学習内容を生かし，地方自治の考え方を踏まえながら，資料から事例を根拠として用い，自分たちの地方自治に対する関わりを，多面的・多角的に考察している。
C	・これまでの学習内容が反映されていない不十分な内容である。B評価基準の観点が満たされていない。

地方自治の考え方を踏まえながら，私たちはどのように地方自治とかかわっていくべきなのでしょうか。上記のパフォーマンス課題や評価の指標を参考に書きなさい。

（回答らん）

年　　組　　番：氏名

弁論大会で
日本の国際貢献の必要性を主張しよう

生徒に身につけさせたい力

本単元は，大項目D中項目(1)の前半部分にあたる。本単元では，対立と合意や効率と公正はもちろんのこと，協調や持続可能性などの視点に着目しながら，世界平和の実現と人類の福祉の増大のためには，国際協調の観点から，国家間の相互の主権の尊重と協力，各国民の相互理解と協力及び国際連合をはじめとする国際機構などの役割の重要性や領土や国家主権，国際連合の働きなどを理解する。

そのうえで，国際貢献を含む国際社会における我が国の役割について多面的・多角的に考察，構想する力を養い，人類の福祉の増大のために熱意と協力の態度を育成することをねらっている。

単元の目標

世界平和の実現と人類の福祉の増大のためには，国際協調の観点から，国家間の相互の主権の尊重と協力，各国民の相互理解と協力及び国際連合をはじめとする国際機構などの役割が大切であることを理解するとともに，領土や国家主権，国際連合の働きなどを理解する。また，国際貢献を含む国際社会における我が国の役割について多面的・多角的に考察，構想し，人類の福祉の増大のために熱意と協力の態度を養う。

単元の評価規準

知識・技能
・世界平和の実現と人類の福祉の増大のためには，国際協調の観点から，国家間の相互の主権の尊重と協力，各国民の相互理解と協力及び国際連合をはじめとする国際機構などの役割が大切であることを理解しているとともに，領土や国家主権，国際連合の働きなどを理解している。
思考力・判断力・表現力
・国際貢献を含む国際社会における我が国の役割について多面的・多角的に考察，構想している。
主体的に学習に取り組む態度
・現代社会に見られる課題の解決を視野に入れながら人類の福祉の増大のために熱意をもって協力しようとしている。

単元の指導計画

時	主な学習活動	評価
1	**◆主権国家と領土** 国際社会において様々な国家がお互いに尊重していくために必要な事項を理解するとともに，日本が抱える領土をめぐる課題の理解を基に，その解決に向けて多面的・多角的に考察する。	・世界平和の実現と人類の福祉の増大のためには，国際協調の観点から，国家間の相互の主権の尊重と協力が大切であることを理解している。（知技） ・日本の領土問題の解決に向けて多面的・多角的に考察している。（思判表）
2	**◆国際連合** 国際連合創設の背景や国際的な相互依存関係の深まりの中において，国際連合の総会，安全保障理事会などの主要な組織の目的や働きの概要などについて理解するとともに，国際貢献を含む国際社会における我が国の役割について多面的・多角的に考察する。	・国際協調の観点から，国際連合をはじめとする国際機構などの役割が大切であることを理解している。（知技） ・国際貢献を含む国際社会における我が国の役割について多面的・多角的に考察，構想している。（思判表）
3	**◆グローバル化と地域統合** 国際社会が大きく変容する中で，グローバル化といった各国の国境が事実上なくなり世界が一体化していく動きが顕著に見られる一方で，地域統合や地域協力のような地域としてまとまろうとする動きが高まるという二重の世界情勢について理解し，これからの世界の動きやその中での日本の在り方について多面的・多角的に考察する。	・国際社会が大きく変容する中で，グローバル化と地域統合が同時に高まるという二重の世界情勢について理解している。（知技） ・これからの世界の動きやその中での日本の在り方について多面的・多角的に考察している。（思判表）
4	**◆日本の国際貢献** 毎年３年生の学年行事として社会に関する弁論大会に出場するという設定で，自国優先の考えに対抗する形で国際貢献を含む国際社会における我が国の役割について多面的・多角的に考察，構想し，表現する。	・国際貢献を含む国際社会における我が国の役割について多面的・多角的に考察，構想し，表現している。（思判表） ・現代社会に見られる課題の解決を視野に入れながら人類の福祉の増大のために熱意をもって協力しようとしている。（態度）

授業展開例（第４時）

（１）パフォーマンス課題

あなたは中学３年生の生徒です。あなたの中学校では毎年３年生の学年行事として社会に関する弁論大会が開かれています。

学級予選会ではあなたの意見が評価され，学級代表となり学級対抗の本選に出場することになりました。B組であるあなたの最大のライバルはA組の政治（まさはる）くんです。政治くんは，近年世界に多く見られる自国優位の考え方の重要性を主張してきます。政治くんは，コロナ禍や国際競争が激化するなど不安定な世界情勢の中でこそまずは自国をしっかりと創り上げ，国民の生活を守ることを優先し，そのうえでの国際協調や国際協力を行っていくのが望ましいとの主張です。

あなたは，政治くんの考え方に反対して，不安定な世界情勢だからこそ国際協調や国際協力が重要であり，国際貢献を含む国際社会における日本のとるべき役割は，大きく人類の福祉増大のために熱意と協力の態度を日本が率先して示すべきだという主張を展開しようと考えています。

政治くんとの論戦を含めた弁論大会まであと数日。あなたはこれまでの準備の成果を生かして，弁論大会のための最終原稿を作成してください。

（２）ルーブリックとその文例

	パフォーマンスの尺度（評価の指標）
A	◆Ｂ評価の基準を満たしたうえで，それぞれの観点について，または１つの観点について特に深く考えられているものであったり，より多面的・多角的な視点が加わっていたり，根拠が明確で納得のいくもの，より充実したものなどとなっている。
B	◆以下の３つの観点について，おおむね満足のいく内容となっており，主張の全体を通して妥当なものになっている。 ・国際社会における主権国家や領土の在り方，国際連合の目的や働き，グローバル化や地域統合などの国際情勢などについて正しい理解をしている。 ・様々な国際情勢を理解したうえで日本の役割や在り方を主張している。 ・自身の考え方が含まれている。
C	◆Ｂ評価の基準を満たしていなく，それぞれの観点について不十分な分析が見られたり，３つの観点のどれかに大きな不十分な分析があったり，主張の根拠があいまいであったりするなど。

（3）授業の流れ

①導入

前時までの3回の授業のポイントを振り返りながらパフォーマンス課題を生徒に提示する。課題のストーリーの中に，回答を導く重要な要素が含まれていることを示しながら課題を熟読させる。また同時に，ルーブリックを解答作成の目標であると説明しながら提示する。B評価の3つの観点が回答作成の目標となる。

②展開

自身の主張を考える前に，ストーリー中の政治くんが主張している内容の分析から始める。本パフォーマンス課題は，ライバルである政治くんの主張に反論していく中で，本単元のねらいである「国際貢献を含む国際社会における我が国の役割について多面的・多角的に考察，構想し，人類の福祉の増大のために熱意と協力の態度を養う」ことに主体的に迫らせることをねらった。

政治くんの主張のポイントや社会背景，優先政策，配慮事項は，パフォーマンス課題のストーリーの中から読み取らせたり考えさせたりする。そして，それを基にして政治くんの意見に対しての反論のポイントや自身の主張のポイントを考えさせる。この課題に取り組ませる中で，学習の成果を生かしながら，国際協調や国際協力の重要性や国際貢献を含む国際社会における日本のとるべき役割などについて構想させる。これが自身の主張（発表原稿）の骨格となるので，丁寧に考えさせたい。

③まとめ

1の課題が終わったら**2**の課題である自身の主張（発表原稿）の作成に入らせる。**1**で整理したことを十分に生かしながら自身の言葉で肉づけをさせていく。また，主張部分には必ず根拠となることを示すよう指導の際には留意する。

評価基準Bの具体例（2の論述）

評価の指標Bに示されている3つの観点をおおむね満たすもので，「コロナ禍や国際競争が激化するなど不安定な世界情勢の中でこそまずは自国をしっかりと創り上げ，国民の生活を守ることを優先し，そのうえでの国際協調や国際協力を行っていくのが望ましい」という政治くんの主張を分析したうえで，「不安定な国際情勢の時期に自国優先を各国がとったら国際対立や保護主義的な政策があちらこちらで取られるようになり，国際秩序が成り立たなくなることが予想される」というように根拠を示しながら指摘し，国際連合の意義や主権国家の在り方，グローバル化の本質などを捉えながら「不安定な時期こそ国際協調や国際協力をとっていくことがこれからの国際社会での秩序維持には重要であるとともに，この危機を乗り越えるために国際社会における主たる国家として日本が貢献することが必要である」ということを説明している。

弁論大会で日本の国際貢献の必要性を主張しよう

1 政治くんの主張を分析しよう

●政治くんの主張

社会背景	

↓

優先政策	

↓

配慮事項	

◆政治くんの意見に対しての反論のポイントや自身の主張のポイント

★政治くんの意見に対しての反論のポイント

★自身の主張のポイント

2　自身の主張を考えよう（発表原稿の作成）

タイトル：
5
10
15
20
25

年　　組　　番：氏名

外務大臣となり，
持続可能な環境問題対策を説明しよう

生徒に身につけさせたい力

本単元は，前項目に続き大項目D中項目(1)の後半部分にあたる。本単元では，日本国憲法の平和主義を基に，日本の安全と防衛や世界の紛争状況の他，環境汚染や自然破壊が，地域や国家の問題だけでなく地球規模の問題となり，国際協力の重要性が高まってきていること，有用な資源・エネルギーが枯渇し，リサイクルや新しいエネルギーの開発と利用が必要であること，貧困が先進国と発展途上国との間だけでなく発展途上国間の問題ともなり，それらの解決を図ることが国際的な課題となっていることなどを取り扱いながら，国際貢献を含む国際社会における我が国の役割について多面的・多角的に考察，構想する力を養い，人類の福祉の増大のために熱意と協力の態度を育成することをねらう。

単元の目標

地球環境，資源・エネルギー，貧困などの課題の解決のために国際的な協力や我が国の経済的，技術的な協力などが大切であることを理解するとともに，日本国憲法の平和主義を基に，我が国の安全と防衛，国際貢献を含む国際社会における我が国の役割について多面的・多角的に考察，構想し，人類の福祉の増大のために熱意と協力の態度を養う。

単元の評価規準

知識・技能
・世界の紛争状況，我が国の安全と防衛，地球環境，資源・エネルギー，貧困などの課題の解決のために国際的な協力や我が国の経済的，技術的な協力などが大切であることを理解している。
思考力・判断力・表現力
・日本国憲法の平和主義を基に，我が国の安全と防衛，国際貢献を含む国際社会における我が国の役割について多面的・多角的に考察，構想している。
主体的に学習に取り組む態度
・現代社会に見られる課題の解決を視野に入れながら人類の福祉の増大のために熱意をもって協力しようとしている。

単元の指導計画

時	主な学習活動	評価
1	**◆世界の戦争と平和** 世界の戦争の状況や東アジア地域での国際対立など現代社会における紛争の状況について理解する。	・世界の戦争の状況や東アジア地域での国際対立など現代社会における紛争の状況について諸資料を活用して有用な情報を収集し，理解している。(知技)
2	**◆軍縮への動きと日本** 世界の国際紛争に対する対応や軍縮への動き，軍縮に対する日本の果たすべき責任などについて理解する。	・世界の国際紛争に対する対応や軍縮への動き，軍縮に対する日本の果たすべき責任などについて諸資料を活用して有用な情報を収集し，理解している。(知技)
3	**◆日本国憲法の平和主義と国際貢献** 日本国憲法の平和主義を基に，我が国の安全と防衛，国際貢献を含む国際社会における我が国の役割について考察，構想する。	・これまでの学習の成果を活用して，日本国憲法の平和主義を基に，我が国の安全と防衛，国際貢献を含む国際社会における我が国の役割について考察，構想している。(思判表)
4	**◆世界の貧困問題** 先進国と発展途上国との経済的な格差ばかりではなく，発展途上国間においても貧困の格差が拡大していることを理解する。	・発展途上国間における貧困の格差が拡大している原因や状況などについて諸資料を活用して有用な情報を収集し，理解している。(知技)
5	**◆資源・エネルギーの枯渇** 有限である資源・エネルギーの不足からいっそうの省資源・省エネルギーやリサイクルなどの必要性が求められていることや新しい資源・エネルギーの開発や利用が必要であることについて理解する。	・有限である資源・エネルギーの不足からいっそうの省資源・省エネルギーやリサイクルなどの必要性が求められていることや新しい資源・エネルギーの開発や利用が必要であることについて諸資料を活用して有用な情報を収集し，理解している。(知技)
6	**◆地球規模で深刻化する環境問題** 環境汚染や自然破壊が，地域や国家の問題であるとともに，地球規模の問題となり，国際協力の必要性の高まりの中で，日本の貢献が期待されていることを理解する。	・環境汚染や自然破壊が，地域や国家の問題であるとともに，地球規模の問題となり，国際協力の必要性の高まりの中で，日本の貢献が期待されていることを理解している。(知技)
7	**◆国際問題の解決と日本の貢献** 発展途上国の経済発展と地球温暖化の抑制を両立するための，先進国と発展途上国が協力して行う持続可能な国際的取組と国際貢献を含む国際社会における我が国の役割について考察，構想する。	・これまでの学習の成果を活用して，発展途上国の経済発展と地球温暖化の抑制を両立するための，先進国と発展途上国が協力して行う持続可能な国際的取組と国際貢献を含む国際社会における我が国の役割について考察，構想している。(思判表)

授業展開例（第７時）

（１）パフォーマンス課題

> **あなたは日本の外務大臣です。あなたは環境問題解決のための国際会議で，日本の代表として説明することになりました。この国際会議では，発展途上国の代表が，国際協力により環境問題を解決していくという先進国の主張に対して反対意見を述べています。**
>
> **反対意見の内容は，①発展途上国は先進国と比べて貧困状態にある国が多く，この経済格差の解消が最も重要な課題である，②課題解決のためには先進国のように工業発展を成し遂げ，自国の経済を安定させせることが重要であり，そのためには化石燃料の大量使用はやむを得ない，③そのため本会議で先進国が提案する地球温暖化の抑制策としての化石燃料使用制限は受け入れられない，というものでした。**
>
> **こうした意見を会議の中で発展途上国の代表が次々に訴えています。そのような中，先進国代表の一人として，また，日本を代表してあなたは，発展途上国の経済発展と地球温暖化の抑制を両立するための，先進国と発展途上国が協力して行う持続可能な国際的取組と国際貢献を含む国際社会における我が国の役割について説明することになりました。**
>
> **その説明のための原稿を作成してください。**

（２）ルーブリックとその文例

	パフォーマンスの尺度（評価の指標）
A	◆Ｂ評価の基準を満たしたうえで，それぞれの観点について，または１つの観点について特に深く考えられているものであったり，より多面的・多角的な視点が加わっていたりするものや納得のいくもの，より充実したものなどとなっている。
B	◆以下の３つの観点について，おおむね満足のいく内容となっており，主張の全体を通して妥当なものになっている。 ・発展途上国の主張（課題中の①～③）に対する対応策を述べている。 ・先進国と発展途上国が協力して行う持続可能な国際的取組について述べている。 ・国際貢献を含む国際社会における我が国の役割について述べている。
C	◆Ｂ評価の基準を満たしていなく，それぞれの観点について不十分な分析が見られたり，３つの観点のどれかに大きな不十分な分析があったりするものやあいまいであるなど。

（３）授業の流れ

①導入

導入では，第４～６時の学習を振り返るところから始める。授業で使用したワークシートなどを見ながら，環境汚染や自然破壊が，地域や国家の問題だけでなく地球規模の問題となり，国際協力の重要性が高まってきていること，有用な資源・エネルギーの枯渇からリサイクルや新しいエネルギーの開発と利用が必要であること，貧困が先進国と発展途上国との間だけでなく発展途上国間の問題ともなり，それらの解決を図ることが国際的な課題となっていることなどの学習内容についての理解を確認する。その際，国際貢献を含む国際社会における我が国の役割が重要となっていることについても触れておく。

②展開

本時のパフォーマンス課題を提示しながら，ワークシートを配付する。そして，学習課題**1**に取り組ませる。その際，パフォーマンス課題の中で発展途上国が主張している3つについて，よく理解させることが重要である。これらは，実際に発展途上国が主張していることであり，環境問題解決の大きな障害となっているだけでなく，南北問題や南南問題など国際関係上の問題とも関連していることに着目させたい。単に環境問題解決だけでなく広く国際社会の問題として捉えさせる。

ワークシートのまとめ方は，きちんとした文章で書くことにはこだわらず，学習課題**2**に取り組むための準備として自由にまとめさせたい。発展途上国の主張の趣旨をしっかりと捉えさせ，先進国，日本国という立場からの考えを膨らませる。

③まとめ

学習課題**1**が完成したら，それを基に**2**の作成に入る。これまでの思考をよく整理しながら文章をまとめるよう留意する。また，課題の作成にあたっては，ルーブリックを提示し，評価の指標Bにある3つの観点に留意させる。評価基準の観点が，課題作成の目標であることをよく理解させておくことが大切である。

本単元では第3時でも国際紛争や軍縮を扱うパフォーマンス課題（後述）を設定し，2段階の構造とした。なお，第3時のパフォーマンス課題もあえて同じストーリーとし，ワークシートも同様のレイアウトで使用できるように設計してある。2つの課題を通じて，日本国憲法の平和主義を基に，我が国の安全と防衛，国際貢献を含む国際社会における我が国の役割について多面的・多角的に考察，構想する力の育成をねらっている。

参考：パフォーマンス課題（第3時）

あなたは日本の外務大臣です。あなたは世界平和のための国際会議で，日本の代表として説明することになりました。この国際会議では，紛争当事国の代表が，国際協力により国際紛争の解決を目指していくという主要国の主張に対して反対意見を述べています。

反対意見の内容は，①現在の地域紛争の多くは内在していた民族や宗教などの対立が表面化したものであり，当事国間の問題である，②鉱産資源などから得られる利益の配分が

不均衡である，③核兵器などの保有国が多くあり，軍備こそが抑止力となり均衡を保っている，というものでした。
こうした意見を会議の中で紛争当事国の代表が次々に訴えています。そのような中，主要国代表の一人として，また，日本を代表してあなたは，国際紛争を解決し平和な国際社会が実現するよう，日本国憲法の平和主義を基に，我が国の安全と防衛，国際貢献を含む国際社会における我が国の役割について説明することになりました。
その説明のための原稿を作成してください。

参考：ルーブリックとその文例

	パフォーマンスの尺度（評価の指標）
A	◆Ｂ評価の基準を満たしたうえで，それぞれの観点について，または１つの観点について特に深く考えられているものであったり，より多面的・多角的な視点が加わっていたりするものや納得のいくもの，より充実したものなどとなっている。
B	◆以下の３つの観点について，おおむね満足のいく内容となっており，主張の全体を通して妥当なものになっている。 ・紛争当事国の主張（課題中の①〜③）に対する対応策を述べている。 ・主要国と紛争当事国が協力して行う持続可能な国際的取組について述べている。 ・国際貢献を含む国際社会における我が国の役割について述べている。
C	◆Ｂ評価の基準を満たしていなく，それぞれの観点について不十分な分析が見られたり，３つの観点のどれかに大きな不十分な分析があったりするものやあいまいであるなど。

評価基準Bの具体例（2の論述）

①第7時の具体例

（例）発展途上国は先進国と比べて貧困状態にある国が多く，この経済格差の解消が最も重要な課題であることについてですが，確かに国際社会において大きな課題であると我が国も考えます。先進国との経済格差は大きく，この是正は国際社会全体の問題として対応すべきであると考えます。この問題の解決にあたっては国連貿易開発会議や世界銀行を中心に先進国からの援助を進めてきましたが，持続可能な発展途上国の自立を考えると，それだけでは足りません。そこで必要なのは，発展途上国間での支援の輪を広げることです。発展途上国間での支援の輪が充実するよう，先進諸国が支援を進めることがこれからは重要であり，我が国の役割も大きいと考えています。

また，課題解決のためには，先進国のように工業発展を成し遂げ，自国の経済を安定させることが重要であり，そのためには化石燃料の大量使用はやむを得ないという考えがこれまでも多く聞こえてきますが，化石燃料の大量消費が続くようでは，世界の環境問題とりわけ地球温暖化の解決には結びつきません。現在先進諸国では様々な形で二酸化炭素の排出を抑えながら工業の進行を図っています，この技術を積極的に発展途上国へ支援することにより，一時代前の工業発展の仕方とは違った，エコ社会における工業発展を模索していく必要があるかと考えます。そこで我が国の先進的な技術が発展途上国の新しい工業発展の支えとなります。

本会議で先進国が提案する地球温暖化の抑制策としての化石燃料使用制限は受け入れられないという主張ですが，地球が滅びては先進国も発展途上国も存在できないと考えます。地球を守ることが，自国を守ることにつながることを，我が国は主張します。各国の事情を細かに分析しながら，各国の状況に応じた負担の配分を国際社会全体で検討していくことが重要です。今こそ，世界の中の一国という考えのもと，対立ではなく，共生する社会づくりに合意することが必要です。そのために我が国は，技術と財源の両面から貢献していくことを責務と考えています。

②第3時の具体例

（例）現在の地域紛争の多くは内在していた民族や宗教などの対立が表面化したものであるということですが，戦後まもなく東西冷戦が激化していた頃は，東西陣営により世界が二分され，現在のような地域的な紛争はありませんでしたが，東西冷戦の終結により，世界各地で地域に内在していた様々な対立が表面化して地域紛争が激化しました。この一つひとつの対立の和平には，ある利害のある一国ではなく，世界全体が仲裁に入ることが必要だと考えます。この世界全体の仲裁こそが国際連合などによる地域紛争解決の手立てです。我が国も国際社会の一員として協力していくことを惜しみません。また，主要国と当事国とが惜しみない協力を続けていくことも大切です。

それから，鉱産資源などから得られる利益の配分が不均衡であることが紛争の要因となることもあります。資源保有の違いを補うシステムの構築が必要です。資源の正当な価格や配分を管理するための機構も必要かと考えます。国際経済安定のための機関設立が求められるところであります。

核兵器などの保有国が多くあり，軍備こそが抑止力となり均衡を保っているということですが，核兵器こそ世界の終末を導く存在であると考えます。我が国は唯一の被爆国として世界に核兵器の恐ろしさ，無益さを訴えてきましたが，残念ながら世界には核による抑止力論や核の保有が続いています。今こそ世界の核管理体制を強化すべきです。しかし，世界では自国優位論のもと，核管理体制は揺らいでおり危機に瀕しています。今こそ核兵器が行使されないよう，国際社会が協力して取り組んでいくことが必要です。我が国は世界唯一の被爆国としての経験と願いを全世界に向けて発信し続けます。核兵器の廃絶こそが持続可能な世界平和を実現する道筋であること，我が国だけでなく世界の恒久の平和を願うことこそ日本国憲法の大きな原則の一つであり，日本国民の総意であることを強く主張します。

外務大臣となり，持続可能な環境問題対策を説明しよう

1 発展途上国の主張について分析しよう

◆環境問題解決の国際会議では，発展途上国の代表が，国際協力により環境問題を解決していくという先進国の主張に対して反対意見を述べています。その主張は大きく3つあります。それぞれについてこれまでの学習を振り返りながら吟味し，説明の要旨を考えましょう。

①発展途上国は先進国と比べて貧困状態にある国が多く，この経済格差の解消が最も重要な課題である。
②課題解決のためには先進国のように工業発展を成し遂げ，自国の経済を安定させることが重要であり，そのためには化石燃料の大量使用はやむを得ない。
③そのため本会議で先進国が提案する地球温暖化の抑制策としての化石燃料使用制限は受け入れられない。

2　外務大臣となり，持続可能な環境問題対策を説明しよう

◆前ページでの吟味や説明の要旨を整理しながら，持続可能な環境問題対策を説明しましょう。

タイトル：
5
10
15
20
25

年　　組　　番：氏名

外務大臣となり，平和な国際社会実現策を説明しよう

1 発展途上国の主張について分析しよう

◆世界平和のための国際会議では，紛争当事国の代表が，国際協力により国際紛争の解決を目指していくという主要国の主張に対して反対意見を述べています。その主張は大きく3つあります。それぞれについてこれまでの学習を振り返りながら吟味し，説明の要旨を考えましょう。

①現在の地域紛争の多くは内在していた民族や宗教などの対立が表面化したものであり，当事国間の問題である。

②鉱産資源などから得られる利益の配分が不均衡である。

③核兵器などの保有国が多くあり，軍備こそが抑止力となり均衡を保っている。

2 外務大臣となり，平和な国際社会実現策を説明しよう

◆前ページでの吟味や説明の要旨を整理しながら，平和な国際社会実現策を説明しましょう。

タイトル：

5

10

15

20

25

年　　組　　番：氏名

先駆者にならい，地球社会の実現を国連総会で演説しよう

生徒に身につけさせたい力

本単元は，単元「世界平和と人類の福祉の増大」を締めくくる部分となる。ここでは，現実に存在する国際社会の課題を理解するとともに，地球規模の視点から国際貢献を含む日本の役割やこれからの地球社会や日本の取組を多面的・多角的に考察，構想し，表現する力を養う。そして，主体的に地球規模の課題の解決に向けて努力し，世界の平和と人類の福祉の増大のために熱意と協力の態度を育成することを目指す。

これらの学習の成果を生かしながら，国際協調の視点からの国家間の相互の主張の尊重と協力，各国民の相互理解と協力の大切さ，それを日本が主導して築き上げていくことの必要性を生徒に自分事として実感させることが大切である。

単元の目標

世界平和の実現と人類の福祉の増大のためには，国家間の相互の主張の尊重と協力，各国民の相互理解と協力及び国際機構などの役割及び SDGs の実現が重要であることを理解するとともに，国際貢献を含む日本の役割やこれからの地球社会や日本の取組を多面的・多角的に考察，構想し，表現し，地球規模の課題の解決に向けて主体的に取り組み，世界の平和と人類の福祉の増大のための熱意と協力の態度を育成する。

単元の評価規準

知識・技能
・世界平和の実現と人類の福祉の増大のためには，国際協調の視点から，国家間の相互の主張の尊重と協力，各国民の相互理解と協力及び国際機構などの役割が重要であることを理解している。また，SDGs が採択された背景やその内容について理解している。
思考力・判断力・表現力
・日本国憲法の平和主義を基に，国際貢献を含む日本の役割やこれからの地球社会や日本の取組を多面的・多角的に考察，構想し，表現している。
主体的に学習に取り組む態度
・現実に存在する国際社会の課題への理解を基に，地球規模の課題の解決に向けて主体的に取り組み，世界の平和と人類の福祉の増大のために熱意をもって協力しようとしている。

単元の指導計画

時	主な学習活動	評価
1	**◆国際社会のさらなる発展** SDGsが採択された背景やその内容について理解を深めるとともに，その実現に向けて地球社会や日本はどのような取組をしていくかについて主体的に考える。	・SDGsに触れながら，対立と合意，持続可能性などに着目して具体的な課題を捉え，課題解決に向けて地球社会や日本の取組を多面的・多角的に考察，構想し，表現している。(思判表)
2	**◆持続可能な社会の実現** 世界の地球環境保全のための取決めや国際条約などについて理解を深めるとともに，地球環境を守り，持続可能な社会をつくるために地球社会や日本はどのような取組をしていくかについて主体的に考える。	・環境汚染や自然破壊が地域や国家の問題であるとともに，地球規模の問題となり，国際協力の重要性の高まりの中で日本の貢献が期待されていることを基に，課題解決に向けて地球社会や日本の取組を多面的・多角的に考察，構想し，表現している。(思判表)
3	**◆未来の地球と人類の共生** 世界の安全保障や地球規模の課題に協力して対処し，人類の共生の実現に向けて地球社会や日本はどのような取組をしていくかについて主体的に考える。	・国際協力や人類の共生の実現がこれからの国際社会の基礎となることに基づき，地球規模の課題の解決に向けて地球社会や日本の取組を多面的・多角的に考察，構想し，表現している。(思判表)
4	**◆これからの地球社会と日本** グレタ・トゥーンベリさんや，マララ・ユスフザイさん，セヴァン・スズキさんが，同年代でこれからの世界の在り方を国際会議で演説したことについて調べるとともに，SDGsを参考に世界の安全保障や地球規模の課題から一つテーマを決めて，これからの地球社会と日本の在り方について，国連総会で演説する内容を考える。	・取り上げた国際社会の課題について，正しい理解を基に，国際貢献を含む日本の役割やこれからの地球社会や日本の取組について多面的・多角的に考察，構想し，表現している。(思判表) ・地球社会の安定と平和，人類の福祉増大のために熱意をもって協力しようとしている。(態度)

★持続可能な開発目標（SDGs）
2001年に策定されたミレニアム開発目標（MDGs）の後継として，2015年９月の国連サミットで加盟国の全会一致で採択された「持続可能な開発のための2030アジェンダ」にて記載された，2030年までに持続可能でよりよい世界を目指す国際目標。17のゴール・169のターゲットから構成され，地球上の「誰一人取り残さない（leave no one behind)」ことを誓っている。(外務省HP「JAPAN SDGs Action Platform」より)

授業展開例（第４時）

（１）パフォーマンス課題

あなたは現実に存在する国際社会の課題について興味を抱いている中学生です。あなたは，現実に起こっている様々な国際社会の課題について調べてきました。そして，調べていく中で，世界の同じ年代の少女が，国際社会の課題について深く心配し，その解決を目指して活動し，国際会議などで国際社会の課題がいかに深刻で，その解決のために今こそ国際社会が行動しなければいけないことを主張していることを知りました。あなたは，この少女たちの活動に感銘を受け，どのようなことを主張したのか，その演説について調べてみました。

そして，自分もこの少女たちのように国際貢献を含む日本の役割やこれからの地球社会や日本の取組を国際会議で主張したいと考えるようになりました。そしてあなたは，世界の安全保障や地球規模の課題の中から自分の主張に一番近いものを選び，主張のテーマを絞りました。

こうしてあなたは国際貢献を含む日本の役割やこれからの地球社会や日本の取組について考える活動の範囲を広げていく中，その活動に興味をもった国際団体から推薦され，次の国連総会で，演説することが決まったのです。

あなたはさっそく，演説の原稿の作成に入りました（この演説の原稿を作成しなさい）。

（２）ルーブリックとその文例

	パフォーマンスの尺度（評価の指標）
A	◆Ｂ評価の基準を満たしたうえで，それぞれの観点について，または１つの観点について特に深く考えられているものであったり，より多面的・多角的な視点が加わっていたりするものや，根拠が明確で納得のいくもの，より充実したものなどとなっている。
B	◆以下の３つの観点について，おおむね満足のいく内容となっており，演説の全体を通して無理のないものになっている。 ・取り上げた国際社会の課題について，正しく理解されている。 ・国際貢献を含む日本の役割やこれからの地球社会や日本の取組について自身の考えを明確に示している。 ・地球社会の安定と平和，人類の福祉増大のための熱意と協力の態度が見られる。
C	◆Ｂ評価の基準を満たしていなく，それぞれの観点について不十分な分析が見られたり，３つの観点のどれかに大きな不十分な分析があったり，主張の根拠があいまいであったりするなど。

（３）授業の流れ

①導入

これまでの学習内容を振り返りながら，本時はその学習の成果を基にして，国際貢献を含む日本の役割やこれからの地球社会や日本の取組について，自身の考えを主張する学習活動を行うことを生徒に伝える。そして，パフォーマンス課題を示しながら，過去に生徒と同年代の少女が，国際社会の課題について自らの問題として考え，世界に主張したことを伝える。

ここでは，事例を紹介しながら，国際社会の課題解決が，自身の問題でもあることに留意させ，本時の学習課題に主体的に取り組む心構えを育成したい。

②展開

まず，グレタ・トゥーンベリさんや，マララ・ユスフザイさん，セヴァン・スズキさんの行動や主張について調べさせる。インターネットを検索し，調べた内容をワークシートにまとめさせる。時間がない場合は，３人のプロフィールや国際会議で主張した内容などを教師が用意して示してもよいだろう。そして，これらの思いや SDGs の17の目標を参考にしながら，自分の主張するテーマを決めて，演説原稿を作成させる。テーマ決めについては，「世界平和と人類の福祉の増大」の中から決めさせるなど，ある程度の範囲を決めておくと，選びやすい。また，原稿を作成する際は，これまでの学習の成果を十分に活用させる。

③まとめ

完成した原稿を基に，実際に演説を行わせる活動を行いたい。発表のためのまとまった授業時間が確保できない場合は，授業の冒頭で数人ずつ発表するなど，発表の時間を工夫する。

評価基準Ｂの具体例（３の論述）

ルーブリックで示した３つの観点についておおむね満足のいく記述であることがＢ評価の基準である。「取り上げた国際社会の課題について，正しく理解されている」ことは，知識についての基準で，これまでの学習の成果を生かし，国際社会の課題について，その背景や影響などについて正しく理解されていることが条件となる。「国際貢献を含む日本の役割やこれからの地球社会や日本の取組について自身の考えを明確に示している」ことは，思考・判断・表現についての基準で，正しい知識に基づき，国際貢献を含む日本の役割やこれからの地球社会や日本の取組に対する自身の考えが論理的に整理され，根拠を示しながら思考されていることが条件となる。

また，「地球社会の安定と平和，人類の福祉増大のための熱意と協力の態度が見られる」ことは，主体的に学習に取り組む態度についての基準で今回の論述は，態度についても明確に示すことを求めた。単に学んだことを整理し，自身の考えを主張するだけにとどまらず，課題に対する危機感や，日本の貢献の重要性などを自分事として捉え，感情を込めながら主張することを条件として求めた。以上の３観点について，記述の中から教師が読み取り，評価していく。

先駆者にならい，地球社会の実現を国連総会で演説しよう

1 先駆者たちの主張

◆皆さんと同じ年代で，国際社会における課題について，あるべき行動を主張したグレタ・トゥーンベリさん，マララ・ユスフザイさん，セヴァン・スズキさんについて調べましょう。

グレタ・トゥーンベリさん
マララ・ユスフザイさん
セヴァン・スズキさん

2　主張するテーマを決めよう

◆これまでに学習した国際社会における課題の中から，あなたが主張するテーマを決めましょう。本単元で学習したSDGsなども参考にしてください。

あなたが主張するテーマ

3　国連総会での演説原稿をつくろう

◆決めたテーマに基づき，国連総会で主張する演説の原稿をつくりましょう。

タイトル：
5
10
15

年　　組　　番：氏名

よりよい社会に向けての提言を，YouTubeで訴えよう

生徒に身につけさせたい力

本単元は，中学校社会科における最終の単元として設定されている。ここでは，私たちがよりよい社会を築いていくためにはどうしたらよいのかということについて，持続可能な社会を形成するという観点から，課題を設けて探究し，自分の考えを説明，論述し，これから社会参画をしていくための手がかりを得ることを主なねらいとしている。

地理及び歴史的分野の学習の成果を活用する力を生かしながら，私たちがよりよい社会を築いていくために解決すべき課題を多面的・多角的に考察，構想し，自分の考えを適切に表現する力や，地球規模で問題が指摘されている様々な課題を自らの課題として捉え，現在及び将来の人類がよりよい社会を築いていくためにこれらの課題を考え続けていくという態度を育成していきたい。

単元の目標

これまでの社会科学習で習得した知識及び技能を生かしながら，私たちがよりよい社会を築いていくために解決すべき課題を多面的・多角的に考察，構想し，自分の考えを説明，論述するとともに，地球規模で問題が指摘されている様々な課題などについて，自らの課題として捉え，現在及び将来の人類がよりよい社会を築いていくためにこれらの課題を考え続けていくという態度を育成する。

単元の評価規準

知識・技能
・これまでの社会科学習で習得した知識及び技能を適切に身につけているとともに，地球規模で問題が指摘されている様々な課題などについて，適切な情報を取捨選択し活用しているとともに，正しい知識を身につけている。
思考力・判断力・表現力
・私たちがよりよい社会を築いていくために解決すべき課題を多面的・多角的に考察，構想し，自分の考えを説明，論述している。
主体的に学習に取り組む態度
・地球規模で問題が指摘されている様々な課題などについて，自らの課題として捉え，現在及び将来の人類がよりよい社会を築いていくためにこれらの課題を考え続けようとしている。

単元の指導計画

時	主な学習活動	評価
1	**◆持続可能な社会を目指して（主題設定）** 中学校社会科の学習全般を振り返り，学習の成果を整理するとともに，持続可能な社会をつくるという視点を大切にしながら，持続可能な社会の形成者として，何を訴えていくのかを，多面的・多角的に考察，構想する。	・これまでの社会科学習で習得した知識及び技能を適切に身につけているとともに，地球規模で問題が指摘されている様々な課題などについて，正しい知識を身につけている。(知技) ・主張するテーマについて多面的・多角的に考察，構想している。(思判表)
2・3	**◆社会科学習を振り返る（資料収集）** 追究する課題やその現状などについて，これまでの社会科学習の成果を振り返るとともに，書籍やインターネットなどを活用して資料を収集し，その結果をワークシートに整理する。	・これまでの社会科学習で習得した知識及び技能を適切に身につけているとともに，地球規模で問題が指摘されている様々な課題などについて，適切な情報を取捨選択し活用している。(知技)
4・5	**◆提言の設計図をつくる（主張考察）** 前時に整理したワークシートを活用して提言していく自身の主張を明確にし，その背景や根拠などについて設計図の形でまとめていき，その設計図を基にグループで中間発表を行い，矛盾点や不足点などを確認し，提言の構想を再構成する。	・これまでの社会科学習で習得した知識を整理しているとともに，地球規模で問題が指摘されている様々な課題について，適切な情報を整理している。(知技) ・中間発表で明らかになった矛盾点や不足点などを確認し，提言の構想を多面的・多角的に再構成している。(思判表)
6	**◆提言をまとめて訴える（まとめと発信）** 再構成した構想を基に提言の内容をレポートにまとめるとともに，YouTube に動画としてアップするための構成や台詞の原稿，フリップなどを作成する。	・私たちがよりよい社会を築いていくために解決すべき課題を多面的・多角的に考察，構想し，自分の考えを説明，論述している。(思判表)

参考：持続可能な開発のための教育（ESD=Education for Sustainable Development）
人類が将来の世代にわたり恵み豊かな生活を確保できるよう，気候変動，生物多様性の喪失，資源の枯渇，貧困の拡大等，人類の開発活動に起因する現代社会における様々な問題を，各人が自らの問題として主体的に捉え，身近なところから取り組むことで，それらの問題の解決につながる新たな価値観や行動等の変容をもたらし，もって持続可能な社会を実現していくことを目指して行う学習・教育活動。(文部科学省パンフレット「ユネスコスクールで目指すSDGs・持続可能な開発のための教育」より)

授業展開例（第6時）

（1）パフォーマンス課題

> **あなたは卒業を間近に控えた中学3年生の生徒です。もうすぐ中学校での社会科学習が終わろうとしています。中学校社会科最後の課題は，「中学校社会科の学習を生かしてよりよい社会に向けての提言を，YouTube で訴えよう」です。学校社会科の学習全般を振り返り，学習の成果を整理するとともに，持続可能な社会をつくるという視点を大切にしながら，持続可能な社会の形成者として，何を訴えていくのかを，多面的・多角的に考えます。そして，追究する課題やその現状などについて，これまでの社会科学習の成果を振り返るとともに，書籍やインターネットなどを活用し，資料を収集し，その結果をワークシートに整理しながら，私たちがよりよい社会を築いていくために解決すべき課題を多面的・多角的に考察，構想し，自分の考えをまとめていきましょう。**
>
> **そして，その主張はまずレポートという形式で発表します。そして，YouTube にアップするための動画づくりの準備として動画の構成や台詞の原稿，資料を示すフリップなどを作成します。ぜひ，人々の印象に残る動画を作成してください。**

（2）ルーブリックとその文例

※評価対象を第6時で作成されたレポートと設定し，評価基準を作成している。動画に対しての評価も同様の観点で行う。

	パフォーマンスの尺度（評価の指標）
A	◆Ｂ評価の基準を満たしたうえで，それぞれの観点について，または１つの観点について特に深く考えられているものであったり，より多面的・多角的な視点が加わっていたり，根拠が明確で納得のいくもの，より充実したものとなっている。
B	◆以下の３つの観点について，おおむね満足のいく内容となっており，レポートの全体を通して無理のないものになっている。 ・取り上げた課題について，正しい知識に基づき間違いがない。 ・私たちがよりよい社会を築いていくために解決すべき課題を多面的・多角的に考察，構想し，自分の考えを明確に述べている。 ・これらの課題を自らの課題として捉え，現在及び将来の人類がよりよい社会を築いていくためにこれらの課題を考え続けていくという態度が見られる。
C	◆Ｂ評価の基準を満たしていなく，それぞれの観点について不十分な分析が見られたり，３つの観点のどれかに大きな不十分な分析があったり，主張の根拠があいまいであったりするなど。

（3）授業の流れ

今回は，単元全体を通じて，パフォーマンス課題に基づき，私たちがよりよい社会を築いていくために解決すべき課題を多面的・多角的に考察，構想し，自分の考えを主張するという学習活動を行うものなので，単元全体の進め方について記載する。なお，ここで示したワークシートは，単元全体で使用するものとなっている。

第1時：持続可能な社会を目指して（主題設定）…授業の冒頭で，ワークシートを配付し，単元の学習についての説明とパフォーマンス課題及びルーブリックを生徒に提示する。中学校3年間の社会科学習の最後であり，公民的分野のみならず，地理や歴史をも含めた中学校社会科における最終の単元として設定されていることをしっかりと生徒に伝える。そして，ワークシートに沿いながら，中学校社会科の学習全般を振り返り，学習したことを思い出すとともに，持続可能な社会をつくるという視点を大切にしながら，持続可能な社会の形成者として，何を訴えていくのかを，多面的・多角的に考察，構想させる。

第2・3時：社会科学習を振り返る（資料収集）…次に追究する課題やその現状などについて，これまでの社会科学習の成果を振り返るとともに，書籍やインターネットなどを活用して資料を収集し，その結果をワークシートに整理していく。教科書やノート，ワークシートなど3年間の学習の成果を記録したものを活用したい。また，書籍やインターネットなども活用して，学習したことのみならず，課題が深刻化している社会的な背景や課題の社会的影響，現在行われている対策など様々な情報を収集させる。

第4・5時：提言の設計図をつくる（主張考察）…前時で調べた情報を整理しながら設計図の形でまとめていく。この段階で自身の主張や課題の構造などを明確に捉えさせる。ワークシートは，課題の社会的な背景→課題の社会的な影響→課題の分析→自身の主張という流れで進むので，この論理を基本として自身の考えを展開させる。また，この設計図を基にグループで中間発表を行い，矛盾点や不足点などを確認し，提言の構想を再構成する。

第6時：提言をまとめて訴える（まとめと発信）…再構成した構想を基に提言の内容をレポートにまとめる。ぜひルーブリックの3つの観点に留意させ，内容の深いものを作成させたい。レポートが完成した段階でも単元の学習は終了できるが，パフォーマンス課題通りに動画作成まで進めるのもよい。本案は6時間構成としたが，学習指導要領でも適切かつ十分な授業時数を配当することが明記されている。YouTubeに動画としてアップするのはプライバシーなどの課題もあり難しいかもしれないが，動画作成のみならタブレットPCなどを用いて簡単にできるのでぜひ，取り組んでいただきたい。

評価基準Bの具体例

ルーブリックのB評価に示された3観点に基づき，レポート及び動画を評価する。

よりよい社会に向けての提言を，YouTube で訴えよう

★いよいよ中学校社会科での最後の学習となりました。3年間の社会科学習の成果をすべて活用して，持続可能なよりよい社会の実現に向けて，あなたの考えを主張しましょう。

★本単元のパフォーマンス課題★
あなたは卒業を間近に控えた中学3年生の生徒です。もうすぐ中学校での社会科学習が終わろうとしています。中学校社会科最後の課題は，「中学校社会科の学習を生かしてよりよい社会に向けての提言を，YouTube で訴えよう」です。学校社会科の学習全般を振り返り，学習の成果を整理するとともに，持続可能な社会をつくるという視点を大切にしながら，持続可能な社会の形成者として，何を訴えていくのかを，多面的・多角的に考えます。そして，追究する課題やその現状などについて，これまでの社会科学習の成果を振り返るとともに，書籍やインターネットなどを活用し，資料を収集し，その結果をワークシートに整理しながら，私たちがよりよい社会を築いていくために解決すべき課題を多面的・多角的に考察，構想し，自分の考えをまとめていきましょう。 そして，その主張はまずレポートという形式で発表します。そして，YouTube にアップするための動画づくりの準備として動画の構成や台詞の原稿，資料を示すフリップなどを作成します。ぜひ，人々の印象に残る動画を作成してください。

パフォーマンスの尺度（評価の指標）	
A	◆B 評価の基準を満たしたうえで，それぞれの観点について，または1つの観点について特に深く考えられているものであったり，より多面的・多角的な視点が加わっていたり，根拠が明確で納得のいくもの，より充実したものとなっている。
B	◆以下の3つの観点について，おおむね満足のいく内容となっており，レポートの全体を通して無理のないものになっている。 ・取り上げた課題について，正しい知識に基づき間違いがない。 ・私たちがよりよい社会を築いていくために解決すべき課題を多面的・多角的に考察，構想し，自分の考えを明確に述べている。 ・これらの課題を自らの課題として捉え，現在及び将来の人類がよりよい社会を築いていくためにこれらの課題を考え続けていくという態度が見られる。
C	◆B 評価の基準を満たしていなく，それぞれの観点について不十分な分析が見られたり，3つの観点のどれかに大きな不十分な分析があったり，主張の根拠があいまいであったりするなど。

1 主題を設定しよう

◆中学校社会科の学習全般を振り返り，持続可能な社会をつくるという視点を大切にしながら，持続可能な社会の形成者として，何を訴えていくのかを考えましょう。

地理学習で印象に残ったこと	歴史学習で印象に残ったこと	公民学習で印象に残ったこと
3年間の社会科学習を振り返り，持続可能な社会の形成者として訴えていくテーマ		

2 資料を収集しよう

◆決めたテーマについて，社会科の学習で学んだことを振り返りましょう。また，新たに書籍やインターネットなどを活用して，テーマについての情報を集めましょう。

3　提言の設計図をつくろう

◆集めた資料を基に，提言の設計図をつくりましょう。また，この設計図を基にしてグループで中間発表を行いましょう（中間発表で指摘されたことや改善点は赤でメモすること）。

課題の社会的な背景	課題の社会的な影響

課題の分析（この課題は，こういうものだ！）

現在取られている対策など（こんなことが行われている！）

自身の主張（だから，私はこのように考える！）

4　主張をレポートにまとめよう

◆中間発表での改善点を生かして，あなたの主張をまとめたレポートを作成しましょう。

タイトル：

5

10

15

20

25

◆レポートを基に，動画の構成や台詞の原稿，資料を示すフリップなどを作成してください。

年　　組　　番：氏名

【編著者紹介】

中野　英水（なかの　ひでみ）

1970（昭和45）年，東京生まれ。東京都板橋区立赤塚第二中学校主幹教諭。1993（平成５）年，帝京大学経済学部経済学科卒業。東京都公立学校準常勤講師，府中市立府中第五中学校教諭を経て，2013（平成25）年から現職。東京都教育研究員，東京都教育開発委員，東京教師道場リーダー，東京方式１単位時間の授業スタイル作成部会委員，東京都中学校社会科教育研究会地理専門委員会委員長を歴任。現在，東京都中学校社会科教育研究会事務局長，全国中学校社会科教育研究会事務局次長，関東ブロック中学校社会科教育研究会広報副部長，東京都教職員研修センター認定講師，日本社会科教育学会会員。

【執筆協力者】

千葉　一晶（ちば　いっせい）

東京都中野区立第七中学校

執筆担当：事例４～14

中学校社会サポートBOOKS

パフォーマンス課題を位置づけた

中学校公民の授業プラン＆ワークシート

2021年４月初版第１刷刊
編著者　中野英水

発行者　藤原光政

発行所　明治図書出版株式会社

http://www.meijitosho.co.jp

（企画）赤木恭平（校正）高梨　修

〒114-0023　東京都北区滝野川7-46-1

振替00160-5-151318　電話03(5907)6701

ご注文窓口　電話03(5907)6668

＊検印省略

組版所　株式会社アイデスク

Printed in Japan　ISBN978-4-18-350810-2